Provost

# Vieillissement de population et territoire gériatrique vannetais

Luc Le Provost

# Vieillissement de population et territoire gériatrique vannetais

## Capacité d'accueil et perspectives économiques en EHPAD et USLD à l'horizon 2042

Presses Académiques Francophones

**Impressum / Mentions légales**
Bibliografische Information der Deutschen Nationalbibliothek: Die Deutsche Nationalbibliothek verzeichnet diese Publikation in der Deutschen Nationalbibliografie; detaillierte bibliografische Daten sind im Internet über http://dnb.d-nb.de abrufbar.
Alle in diesem Buch genannten Marken und Produktnamen unterliegen warenzeichen-, marken- oder patentrechtlichem Schutz bzw. sind Warenzeichen oder eingetragene Warenzeichen der jeweiligen Inhaber. Die Wiedergabe von Marken, Produktnamen, Gebrauchsnamen, Handelsnamen, Warenbezeichnungen u.s.w. in diesem Werk berechtigt auch ohne besondere Kennzeichnung nicht zu der Annahme, dass solche Namen im Sinne der Warenzeichen- und Markenschutzgesetzgebung als frei zu betrachten wären und daher von jedermann benutzt werden dürften.

Information bibliographique publiée par la Deutsche Nationalbibliothek: La Deutsche Nationalbibliothek inscrit cette publication à la Deutsche Nationalbibliografie; des données bibliographiques détaillées sont disponibles sur internet à l'adresse http://dnb.d-nb.de.
Toutes marques et noms de produits mentionnés dans ce livre demeurent sous la protection des marques, des marques déposées et des brevets, et sont des marques ou des marques déposées de leurs détenteurs respectifs. L'utilisation des marques, noms de produits, noms communs, noms commerciaux, descriptions de produits, etc, même sans qu'ils soient mentionnés de façon particulière dans ce livre ne signifie en aucune façon que ces noms peuvent être utilisés sans restriction à l'égard de la législation pour la protection des marques et des marques déposées et pourraient donc être utilisés par quiconque.

Coverbild / Photo de couverture: www.ingimage.com

Verlag / Editeur:
Presses Académiques Francophones
ist ein Imprint der / est une marque déposée de
OmniScriptum GmbH & Co. KG
Bahnhofstraße 28, 66111 Saarbrücken, Deutschland / Allemagne
Email: info@presses-academiques.com

Herstellung: siehe letzte Seite /
Impression: voir la dernière page
**ISBN: 978-3-8416-3760-4**

# Vieillissement de population et territoire

Capacité d'accueil et perspectives économiques en EHPAD et USLD à l'horizon 2042

A mon père, Infatigable défenseur de la gériatrie,


Au Professeur Jean-Marc Macé, mon mentor,

# Table des matières

# Introduction

Née d'une réflexion sur l'accueil des résidents en secteur sanitaire et médico-social, notre étude se portera sur l'évolution de celui-ci au vu des bouleversements démographiques à venir en France et plus particulièrement dans le Morbihan. En effet, dans un contexte de vieillissement important de la population à l'horizon 2042, son impact sur les établissements sanitaires et médicaux-sociaux en sera d'autant plus important que la population qui y est accueillie est composée de personnes âgées de plus de 60 ans[1]. La part des plus de 60 ans sur la population totale ne va cesser de grandir, ainsi cette part va passer de 21.5% en 2007 à 31% en 2040[2]. Pour le Morbihan, ce sera de 24.8% à 36.74% en 2040[3]. Enfin, pour le territoire qui nous occupe, c'est-à-dire le territoire gériatrique vannetais, la part des + de 60 ans va passer de 23.15% à 37.72%[4]. La problématique consiste à savoir quand la capacité d'accueil ne pourra plus faire face au flot démographique de la population âgée. Ensuite se pose la question de l'impact économique de ce vieillissement : certes c'est une fatalité car le processus est inéluctable, mais peut-on y voir une chance pour le territoire ? Enfin quelles sont les solutions alternatives à la prise en charge en établissement.

Pour fonder notre analyse nous nous baserons sur deux principales sources : la projection OMPHALE de la population concernée par l'étude et le résultat de notre enquête auprès des directeurs d'établissements du secteur sanitaire et médico-social.

Pour répondre à ces questions nous étudierons dans une première partie le territoire tel qu'il est en 2012 en nous basant sur les résultats de notre enquête et sur les données démographiques et économiques de la projection OMPHALE. Dans une deuxième partie nous nous attacherons aux perspectives d'évolution à l'horizon 2042,

---

[1] Article L-113-1, code de l'action sociale et des familles.
[2] Insee, projection OMPHALE, 2010.
[3] *Ibid.*
[4] Insee, projection OMPHALE, 2012.

tant en terme de lits médicalisés et donc de déficit d'accueil que des conséquences économiques induites par ces bouleversements.

## Méthodologie

Pour réaliser une étude cohérente, au plus près de la réalité pour appréhender la situation des EHPAD[5] et USLD[6] du territoire, nous nous sommes basés sur une enquête auprès des directeurs d'établissements. Nous avons envoyé à tous les directeurs du secteur un fichier Excel sur lequel ils devaient renseigner plusieurs données permettant ensuite de faire des projections se rapprochant le plus de la réalité.

| Commune | Nom | Adresse | Statut juridique | Hébergement en capacité | | |
| | | | | Permanent | Temporaire | Accueil jour |
|---|---|---|---|---|---|---|
| | | | | | | |

| GMP moyen | Prix de journée | Tarif par GIR | | | Habilité Aide sociale Hébergement |
| | | 1 et 2 | 3 et 4 | 5 et 6 | |
|---|---|---|---|---|---|
| | | | | | |

| Nombre d'Entrée / Sorties dans l'année | | | Nombres d'hommes | | | Nombres de femmes | | |
| Entrées | Sorties | Taux de remplissage | (-) de 75 ans | (+) de 75 ans | (+) de 85 ans | (-) de 75 ans | (+) de 75 ans | (+) de 85 ans |
|---|---|---|---|---|---|---|---|---|
| | | | | | | | | |

---

[5] Etablissement d'Hébergement pour Personnes Agées Dépendantes.
[6] Unité de Soins de Longue Durée.

Ces données nous semblaient les plus complètes et permettaient un remplissage rapide compte-tenu des emplois du temps des directeurs. Enfin notre démarche bien que pertinente n'avait pas d'autorisation exprès de l'ARS[7], ce qui limitait l'adhésion des établissements. Notre enquête prévue pour 2 mois s'est révélée beaucoup plus longue sans le soutien des autorités compétentes, nous avons donc limité les renseignements demandés concernant la durée moyenne de séjour (différentiel entre la date d'entrée et de sortie d'un établissement), ceci nous empêchant de faire des projections pertinentes. Ensuite il fallait connaître la mobilité des patients, leur provenance avant l'entrée dans l'établissement. Dans ce but nous avons aussi demandé sous la forme du tableau qui suit ces données de référence.

| Commune de provenance des résidents avant l'entrée dans votre établissement | Nombre de résidents |
|---|---|
| Commune 1 | |
| Commune 2 | |

Telle a été la base de notre référentiel pour les établissements. En revanche, aussi précises soient-elles, ces données ne nous permettent pas de savoir la mobilité exacte des résidents. En effet, devant l'afflux de demande d'hébergement, la plupart des établissements se sont dotés de critères de sélection géographique. La priorité est donnée aux résidents locaux, c'est-à-dire à ceux qui justifient d'une résidence dans le département d'au moins 6 mois avant l'entrée en établissement (prérequis du conseil général du Morbihan). Le but des établissements est de récolter l'APA[8,9] le plus rapidement possible. Le problème intervient quand certaines familles contournent ce dispositif en déclarant leurs proches en perte d'autonomie dans leur résidence principale, ce qui leur permet de bénéficier des aides locales (conseil général) et d'accéder à l'établissement de leur choix dans le secteur géographique de la famille. Ceci empêche de bien appréhender la provenance des résidents et d'éclairer la

---

[7] Agence Régionale de Santé.
[8] Allocation Personnalisée d'Autonomie.
[9] Sur les conditions d'attribution de l'APA voir les articles R-232-1 à R-232-6 du code de l'action sociale et des familles.

mobilité réelle des patients. Pour que les sources soient infaillibles il faudrait un suivi des résidents dans les deux ans précédant leur entrée dans un établissement sanitaire ou médico-social. L'autre source de travail a été l'étude OMPHALE[10], étude qui permet pour un territoire donné, de voir l'évolution démographique sur une échelle de trente ans. Pour des raisons de budget et aussi car jusqu'à maintenant c'est le scénario qui s'est avéré le plus proche de la réalité, nous avons opté pour une projection démographique en scénario central. En effet l'INSEE[11] propose 3 scénarios d'évolution démographique : une fourchette haute (scénario 1), une centrale (scénario 2) et une basse (scénario 3). Cela permet avec les 3 scénarios d'envisager toutes les solutions possibles d'évolution de la population. Notre étude s'attachant à une seule de ces options, elle ne pourra prendre en compte les ajustements liés au scénario 1 et 3.

---

[10] Outil Méthodologique de Projection d'Habitants, d'Actifs, de Logements et d'Elèves. Pour une définition précise se référer à l'adresse http://www.insee.fr/fr/methodes/default.asp?page=definitions/omphale.htm
[11] Institut National de la Statistique et des Etudes Economiques.

# Chapitre 1 : Le vieillissement de la population et ses conséquences sur l'offre d'hébergement du territoire vannetais

## Partie 1 : le territoire vannetais et le vieillissement de la population

### Section 1 : présentation du territoire choisi

Au sein de la région Bretagne (qui compte 4 départements : l'Ille et Vilaine, les Côtes d'Armor, le Finistère et le Morbihan) notre territoire d'analyse, nommé territoire Vannetais (carte 1a), est situé dans le Morbihan.

Carte 1a : La Bretagne et ses départements

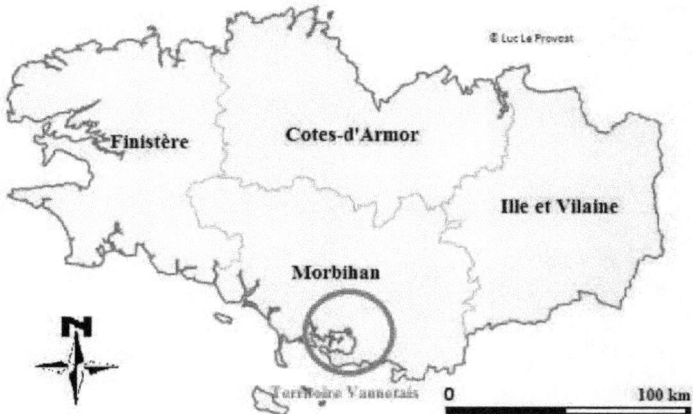

*Source : IGN[12]*

Ce territoire fait partie des 6 territoires gérontologiques définis par le conseil général qui a « validé une nouvelle organisation territoriale à partir de territoires gérontologiques regroupant les intercommunalités, dénommés « territoires d'analyse

---

[12] Institut national de l'information géographique et forestière.

8

et de projets » »[13] . Ce découpage ne suit pas le shéma des territoires de santé de l'ARS[14] (voir carte 1a^bis). Celui-ci se situe dans le champ d'action de la gérontologie.

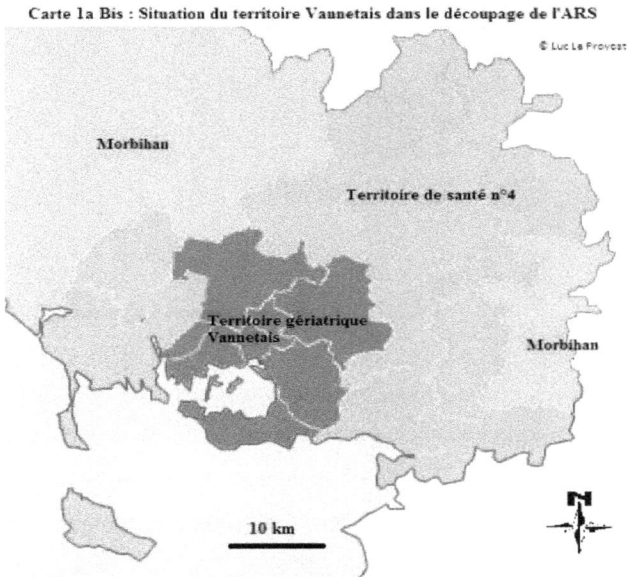

*Sources : Conseil général du Morbihan, ARS Bretagne*

---

[13] Rapport de l'assemblée plénière du conseil général du Morbihan des 18, 19 ,20 Janvier 2011, page 21.
[14] L'ARS a un découpage en 8 territoires de santé qui ne tient pas compte des schémas d'organisation départementaux.

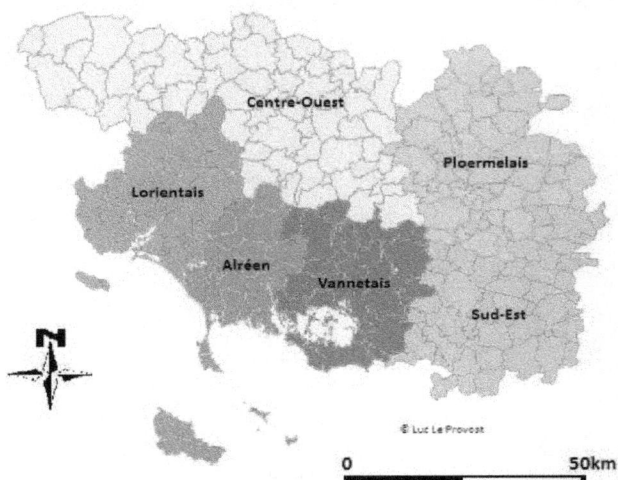

Carte 1b Les territoires gérontologiques du Morbihan

*Source : conseil général du Morbihan*

Le territoire gérontologique vannetais (carte 1b) est composé de trois comunautés de communes ou d'agglomérations[15] : - la communauté d'agglomération de Vannes qui comprend les communes de Baden, Arradon, Elven, Ile aux Moines, Larmor-Baden, Le Bono, Le Hézo, Monterblanc, Noyalo, Plescop, Ploeren, Plougoumelen, Saint-Avé, Saint-Nolff, Séné, Sulniac, Surzur, Theix, Trédion, Tréffléan, La Trinité-Surzur et Vannes. - La communauté de communes du Loch qui regroupe les communes de Brandivy, Colpo, Grand-Champ, Locqueltas, Plaudren et Locmaria Grand-Champ, et enfin - la communauté de communes de la presqu'île de Rhuys composée des communes de Sarzeau, Arzon, Saint-Gildas de Rhuys, Le Tour du Parc et de Saint-Armel.

Pour une meilleure lisibilité de notre étude nous avons choisi de répartir ces communes en 3 zones distinctes en fonction de leur situation géographique et de leur impact démographique (carte 1c).

---

[15] Rapport de l'assemblée plénière du conseil général du Morbihan des 18, 19,20 Janvier 2011, page 47.

colpo

brandivy

grand-champ    plaudren    trédion
locqueltas
locmaria

monterblanc
© Luc Le Provost    meucon    elven

Territoire 1 : Zone urbaine

plescop    saint-avé    saint-nolff

Territoire 2 : Zone péri-urbaine

tréffléan

plougoumelen  ploeren    sulniac
vannes

Territoire 3 : Zone rurale    le bono
arradon    theix
baden    séné

larmor-baden    noyalo    la trinité surzur
ile aux moines
ile d'arz    le hézo    surzur

arzon    saint-armel
10 km    saint-gildas    sarzeau    le tour du parc

N

*Source : Insee, Ign*

Ces 3 territoires vont nous servir de base pour notre projection OMPHALE. Nous les avons répartis en 3 zones : une zone urbaine, une zone péri-urbaine et une zone rurale. Ce découpage tient compte aussi de la méthode de projection Omphale. En effet, celle-ci doit rentrer dans un cadre précis, qui consiste à créer des aires démographiques de plus de 50 000 habitants et ceci sans comporter de communes isolées[16]. Ainsi pour cette raison la commune de Vannes à été rattachée à celle de l'Ile d'Arz qui ne comporte que 250 habitants. Suivant la logique des rendements décroissants, il nous est apparu logique de prendre comme commune rattachée à Vannes celle dont l'impact allait le moins affecter le résultat de l'autre. Le critère s'est donc opéré sur l'importance démographique.[17]

---

[16] Insee Franche-Comté, info-web, édition n°48, Septembre 2008 consultable à l'adresse suivante : http://www.insee.fr/fr/insee_regions/f-comte/themes/infoweb/infoweb48.08.pdf
[17] RICARDO D. (1817), *Des Principes de l'économie politique et de l'impôt*, Londres.

## Section 2 : Analyse de la démographie du territoire

*Une démographie qui suit la tendance Française*

Intéressons-nous maintenant à l'un des éléments majeurs de notre étude : la situation démographique de notre territoire. En effet la composition démographique est un élément qui va nous permettre d'évaluer l'impact de la population âgée sur le nombre de lits à définir dans le futur. Pour cela nous allons nous référer aux pyramides des âges sur les 3 zones choisies en faisant une étude comparative sur la période 2012-2042[18]. La situation du territoire Vannetais suit l'évolution du vieillissement général de la population au niveau national. Si l'on suit les tendances démographiques, la France métropolitaine comptera 73,6 millions d'habitants, soit 11,8 millions de plus qu'en 2007, date du dernier recensement. Cette projection est basée sur un scénario dit « central » qui suppose que les tendances démographiques actuelles se maintiennent. Selon ce scénario, le nombre de personnes de 60 ans et plus augmenterait, à lui seul, de 10, 4 millions entre 2007 et 2060. En 2060, 23,6 millions de personnes seraient ainsi âgées de 60 ans ou plus, soit une hausse de 80% en 50 ans. L'augmentation sera la plus forte pour les plus âgés : le nombre de personnes de 75 ans et plus passerait de 5,2 millions en 2007 à 11,9 millions en 2060 ; celui des 85 ans et plus de 1,3 à 5,4 millions (tableau 1a). Ce rapide constat montre que l'on assiste à un véritable « vieillissement du vieillissement » ou gérontocroissance[19].

**Tableau 1a : Évolution de la population de la France métropolitaine de 1960 à 2060
(scénario central de projection)**

| Année | Population au 1er janvier (en milliers) | Proportion par tranche d'âges | | | | |
|---|---|---|---|---|---|---|
| | | 0-19 ans | 20-59 ans | 60-64 ans | 65-74 ans | 75 ans et + |
| 1960 | 45 465 | 32,3 | 51,0 | 5,1 | 7,3 | 4,3 |
| 1970 | 50 528 | 33,1 | 48,8 | 5,2 | 8,1 | 4,7 |
| 1980 | 53 731 | 30,6 | 52,4 | 3,0 | 8,3 | 5,7 |
| 1990 | 56 577 | 27,8 | 53,2 | 5,1 | 7,1 | 6,8 |
| 2000 | 58 858 | 25,6 | 53,8 | 4,6 | 8,8 | 7,2 |
| 2007 | 61 795 | 24,8 | 53,8 | 4,9 | 8,1 | 8,5 |

---

[18] Les projections Omphale se font sur une durée maximale de 30 ans.
[19] MACE J.M (2007), *Hébergement de personnes âgées et vieillissement de la population*, équipe d'accueil N°4603 du LIRCA, Laboratoire Interdisciplinaire de Recherche en Sciences de l'Action.

| | | | | | | |
|------|--------|------|------|-----|------|------|
| 2015 | 64 514 | 24,2 | 51,0 | 6,2 | 9,3 | 9,3 |
| 2020 | 65 962 | 23,9 | 49,6 | 6,0 | 11,0 | 9,4 |
| 2025 | 67 285 | 23,5 | 48,4 | 6,1 | 11,1 | 10,9 |
| 2030 | 68 532 | 23,0 | 47,5 | 6,0 | 11,1 | 12,3 |
| 2035 | 69 705 | 22,6 | 46,7 | 5,9 | 11,1 | 13,6 |
| 2040 | 70 734 | 22,4 | 46,6 | 5,3 | 11,1 | 14,7 |
| 2050 | 72 275 | 22,3 | 45,9 | 5,6 | 10,2 | 16,0 |
| **2060** | **73 557** | **22,1** | **45,8** | **5,4** | **10,5** | **16,2** |

*Sources : Insee, estimations de population et statistiques de l'état civil jusqu'en 2007 et projection 2007-2060.*

La pyramide des âges de la France de 2060 montre une répartition de la population par âge très équilibrée (tableau 1b). L'empreinte des grands chocs démographiques passés : la seconde guerre mondiale et la génération dite du « baby boom », aura disparu de la pyramide des âges en 2060. Cependant les projections n'intègrent pas de choc de ce type pour le futur[20].

**Tableau 1b Pyramide des âges en 2007 et 2060 en France**

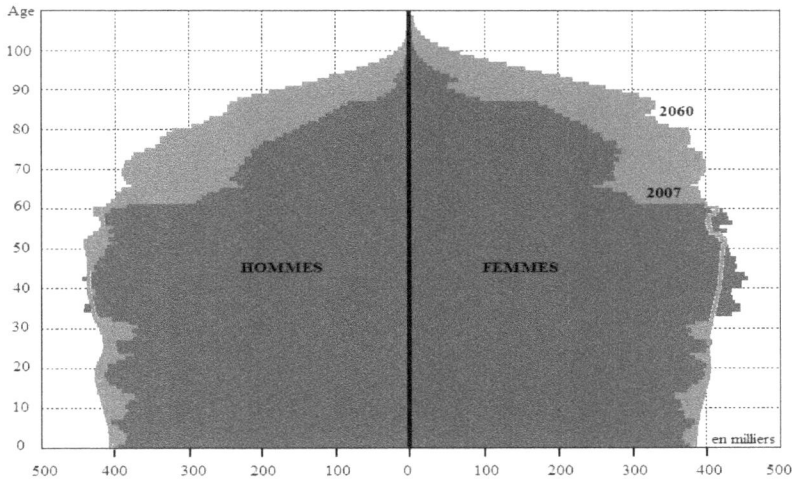

*Sources : Insee, estimations de population pour 2007 et projection de population 2007-2060 pour 2060*

Jusqu'en 2035, le nombre de personnes de plus de 60 ans augmentera fortement : les générations nombreuses, nées après guerre et celles avant 1975, issues du baby-boom, auront alors atteint 60 ans. Entre 2035 et 2060, la part des 60 ans et plus devrait continuer de progresser, mais de façon plus modérée. Les générations nombreuses nées après-guerre auront plus de 90 ans, le nombre de décès augmentera

---

[20] BLANPAIN N, CHARDON O. (2010) *Projections de population 2007-2060 pour la France métropolitaine*, document de Travail, n° F1008, Insee, octobre 2010.

donc fortement. Alors que 21% de la population résidant en France métropolitaine avait 60 ans ou plus en 2007 (voir tableau 1a), cette proportion serait de 31% en 2035 et de 32% en 2060. L'âge moyen de la population passerait quant à lui de 39 ans en 2007 à 43 ans en 2035, puis 45 ans en 2060[21].

Après cet aperçu, voyons maintenant la répartition de la population âgée en France, ceci pour démontrer les inégalités face au vieillissement en fonction de la situation géographique (carte 1d). Nous avons pris comme exemple la répartition de la population âgée de plus de 75 ans, ainsi que celle des plus de 85 ans (carte 1dbis), ce qui démontre bien l'aspect de la tendance à la « gérontocroissance ».

Carte 1d Part de la population âgée de + de 75 ans par département en 2012

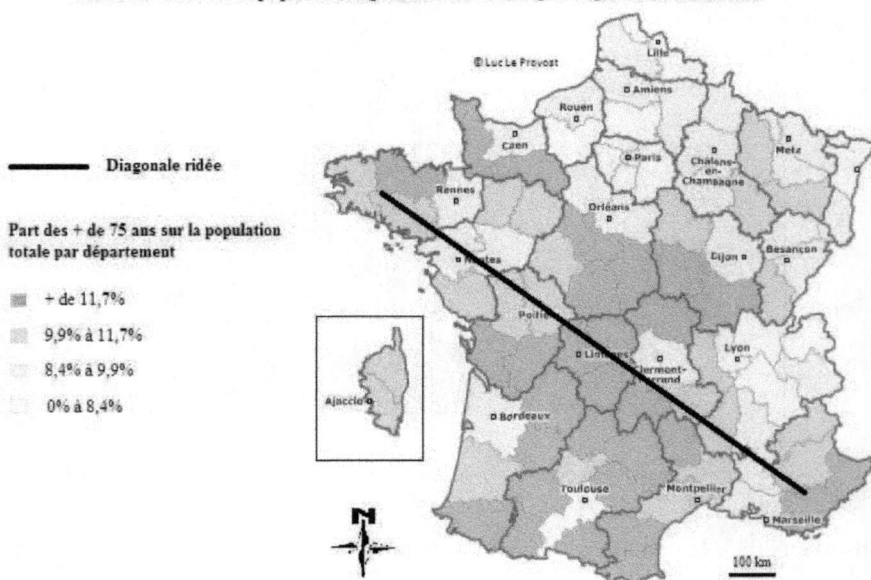

---

[21] *Ibid.*

**Carte 1dbis Part de la population âgée de + de 85 ans par département en 2012**

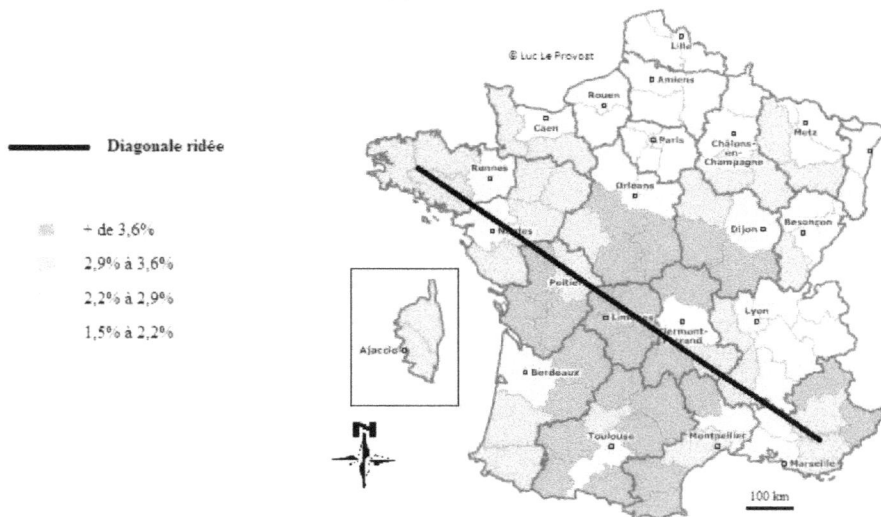

Sources : Insee, projection de population, Omphale 2012

Comme nous pouvons le constater sur les cartes 1d et 1d[bis], la répartition est très inégale en France. L'on constate que l'Ile de France est épargnée par ce phénomène de vieillissement, ceci est en partie dû au fait que cette région est très « exportatrice de personnes âgées », tendance qui ne fait que s'accroître avec le temps[22]. En revanche la tendance est inverse dans une région comme le Languedoc-Roussillon, grande région « importatrice » de population âgée avec la Région PACA[23].

Les départements les plus pourvus en personnes âgées vont le rester à l'horizon 2040, mais le vieillissement aura tendance à se diffuser dans des départements jusque-là épargnés, notamment dans l'Ouest ou dans l'extrême sud-est[24] (voir carte 1e).

---

[22] OMALEK L. (2001) *Projections régionales de population pour 2030 : l'impact des migrations.* Insee Première n°805
CAUCHI-DUVAL N. (2006*) L'impact des migrations des personnes âgées sur les populations des régions françaises,* in GF.DUMONT (dir.) les Territoires face au vieillissement, op. Cité pp138-149.
[23] *Ibid.*
[24] MACE J.M (2007), *Hébergement de personnes âgées et vieillissement de la population*, équipe d'accueil N°4603 du LIRCA (Laboratoire Interdisciplinaire de Recherche en Sciences de l'Action).

**Carte 1e : Part de la population âgée de plus de 60 ans en 2040 par départements**

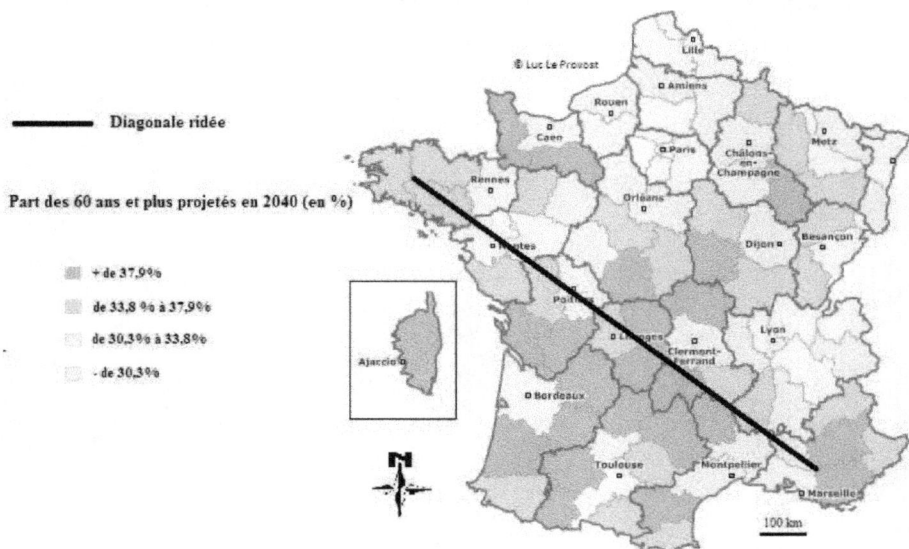

Diagonale ridée

Part des 60 ans et plus projetés en 2040 (en %)

- + de 37,9%
- de 33,8 % à 37,9%
- de 30,3% à 33,8%
- - de 30,3%

*Source : Insee, projection de population, Omphale 2010*

L'ouest de la France, et notamment la Bretagne, est particulièrement sensible à ce vieillissement , surtout au niveau du littoral, du fait de son attractivité pour les personnes désireuses de s'installer pour leur retraite.Cette attractivité du littoral vannetais mais aussi breton sur la population âgée, se manifeste par des taux très importants des plus de 75 ans dans ces zones :

Il dépasse 16 % dans des communes comme Arzon ou la Trinité-sur-Mer[25], communes situées en bordure de mer. Pour notre territoire vannetais l'attractivité du Golfe du Morbihan a un effet « aimant » sur la population âgée[26]

---

[25] Conseil général du Morbihan, *Portrait sociaux économique du Morbihan en 2012*, rapport du 4ème trimestre 2012, chapitre : solidarités, action sociale et santé, page 4.
[26] *Ibid.*

*Un vieillissement prononcé dans le territoire Vannetais*

Nous allons analyser l'impact du vieillissement dans notre territoire gérontologique Vannetais que nous avons, comme vu précédemment, découpé en trois zones pertinentes. En nous appuyant sur la méthode de projection Omphale, il nous est possible de connaître les effectifs de chaque classe d'âges de la population de notre territoire jusqu'en 2042. Nous allons mesurer l'impact de la population âgée sur le territoire (tableau 1c, page suivante).

**Tableau 1c : Part de la population âgée par tranche d'âges sur les zones du territoire Vannetais entre 2012 et 2042**

| | | 2012 | 2017 | 2022 | 2027 | 2032 | 2037 | 2042 |
|---|---|---|---|---|---|---|---|---|
| **Territoire 1 : zone urbaine** | Effectif 75-84 ans | 4416 | 4419 | 4781 | 6275 | 7190 | 7257 | 7487 |
| | Effectif 85 ans et + | 1876 | 2405 | 2712 | 2886 | 3320 | 4444 | 5170 |
| | total population du territoire | 51411 | 51569 | 52542 | 53882 | 54934 | 55159 | 55647 |
| | % 75-84 ans | 12,24 | 13,23 | 14,26 | 17,00 | 19,13 | 21,21 | 22,75 |
| | % 85 ans et plus | 3,65 | 4,66 | 5,16 | 5,36 | 6,04 | 8,06 | 9,29 |
| **Territoire 2 : zone péri-urbaine** | Effectif 75-84 ans | 3641 | 4347 | 5146 | 7002 | 8299 | 8799 | 9416 |
| | Effectif 85 ans et + | 1331 | 1792 | 2302 | 2720 | 3354 | 4658 | 5619 |
| | total population du territoire | 54407 | 58482 | 61868 | 64860 | 67271 | 68636 | 69932 |
| | % 75-84 ans | 9,14 | 10,50 | 12,04 | 14,99 | 17,32 | 19,61 | 21,50 |
| | % 85 ans et plus | 2,45 | 3,06 | 3,72 | 4,19 | 4,99 | 6,79 | 8,03 |
| **Territoire 3 : zone rurale** | Effectif 75-84 ans | 3218 | 3336 | 3910 | 5465 | 6559 | 7069 | 7636 |
| | Effectif 85 ans et + | 1233 | 1581 | 1889 | 2024 | 2515 | 3525 | 4258 |
| | total population du territoire | 53835 | 58312 | 62118 | 65593 | 68412 | 70328 | 72082 |
| | % 75-84 ans | 8,27 | 8,43 | 9,34 | 11,42 | 13,26 | 15,06 | 16,50 |
| | % 85 ans et plus | 2,29 | 2,71 | 3,04 | 3,09 | 3,68 | 5,01 | 5,91 |

*Source : Insee, projection Omphale territoire vannetais, 2012-2042*

Le tableau 1c montre les différences dans le territoire vannetais en fonction des zones d'urbanisation. On remarque la prépondérance de Vannes dans la part de personnes âgées. En effet avec une part à 22,75% de personnes âgées sur la tranche 75-84 ans à l'horizon 2042, la ville se place en tête pour l'attraction de cette population. De plus le triplement des plus de 85 ans entre 2012 et 2042 (passant de 3,65% à 9,29%) montre que la très grande vieillesse va représenter une part majeure de la démographie de la commune en 2042, cette population passant de 1876 individus en 2012 à 5170 en 2042 (soit près de 3 fois la population sur 30 ans). Sur la population globale des plus de 75 ans, la part dans la population totale passe de 15,89% en 2012, au chiffre record de 32,04% en 2042. Lorsque l'on sait que l'âge moyen pour l'entrée en maison de retraite se situe aux alentours de 85 ans[27], le chiffre de cette population montre l'impact que cela va avoir sur le nombre de futurs de résidents en établissement.

Le territoire 2 en zone péri-urbaine montre des statistiques relativement moins importantes en terme de pourcentage, mais l'effectif de la population visée est plus important. Ainsi nous avons 21,5% de personnes âgées sur la tranche 75-84 ans sur le territoire en 2042 contre 9,14% en 2012, mais elle représente une population de 9416 individus. De même la population des plus de 85 ans voit son effectif quintupler en 30 ans, passant de 1331 individus en 2012 à 5619 en 2042. Dans le même temps sa part des plus de 85 ans rapportée à la population totale passe de 2,45% à 8,03%.

Le 3ème territoire montre une évolution comparable aux autres territoires, à savoir un vieillissement de la population, mais avec une incidence moindre. On retiendra que la part globale de la population de plus de 75 ans est moins importante : en 2012 elle représente 10,56% contre 22,41% en 2042. Même si ce chiffre est élevé il est près de 10% moins élevé que pour le reste des zones. En revanche en terme de population le résultat est tout aussi important puisqu'à l'horizon 2042, le nombre global de personnes âgées de plus de 75 ans passera de 4451 individus à 11894 en 2042, soit une augmentation de plus de 37%. D'autant plus si l'on prend en compte la part des plus de 85 ans qui est la tranche la plus sensible en ce qui concerne la dépendance et donc la prise en charge en établissement, avec une population qui passe de 1233 à 4258 individus entre 2012 et 2042 (+ 29%).

---

[27] Age moyen d'entrée des résidents en EHPAD, cité dans *observatoire annuel des établissements d'hébergement pour personnes âgées dépendantes en EHPAD privés non lucratifs et public en 2012, rapport KPMG,* publication de Janvier 2013, page 14.

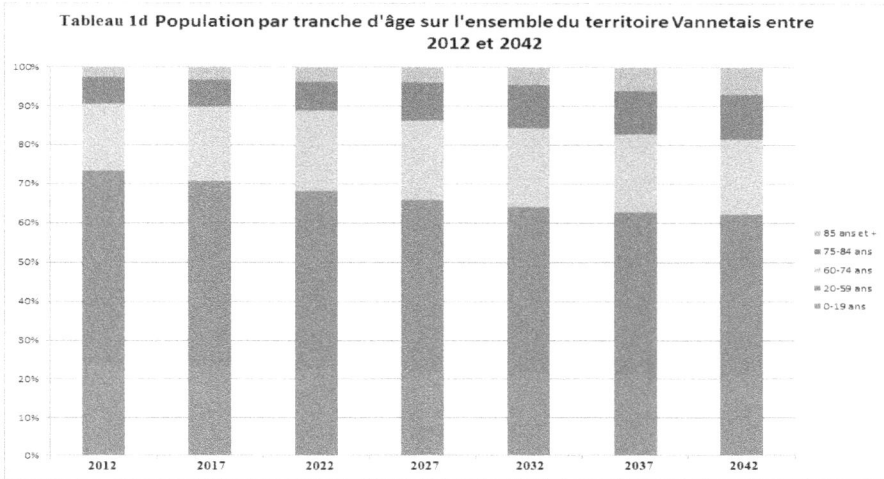

Tableau 1d Population par tranche d'âge sur l'ensemble du territoire Vannetais entre 2012 et 2042

*Source : Insee, projection Omphale territoire vannetais, 2012-2042*

Le tableau 1d nous montre l'évolution par tranche d'âge sur l'ensemble du territoire vannetais. Cela confirme la tendance dégagée dans les 3 zones d'études. On remarque la croissance irrémédiable des catégories les plus âgées. On note la part cumulée des 75-84 ans et 85 ans et plus qui passe de près de 10% en 2012 contre 19% en 2042. Nous avons sur la même période une population cumulée qui croît de 40% avec 15715 individus en 2012 contre 39586 en 2042. Nous avons donc un double phénomène, une population qui vieillit et cela dans tous les territoires d'analyse, mais aussi une croissance très importante des effectifs des classes d'âges les plus hautes.

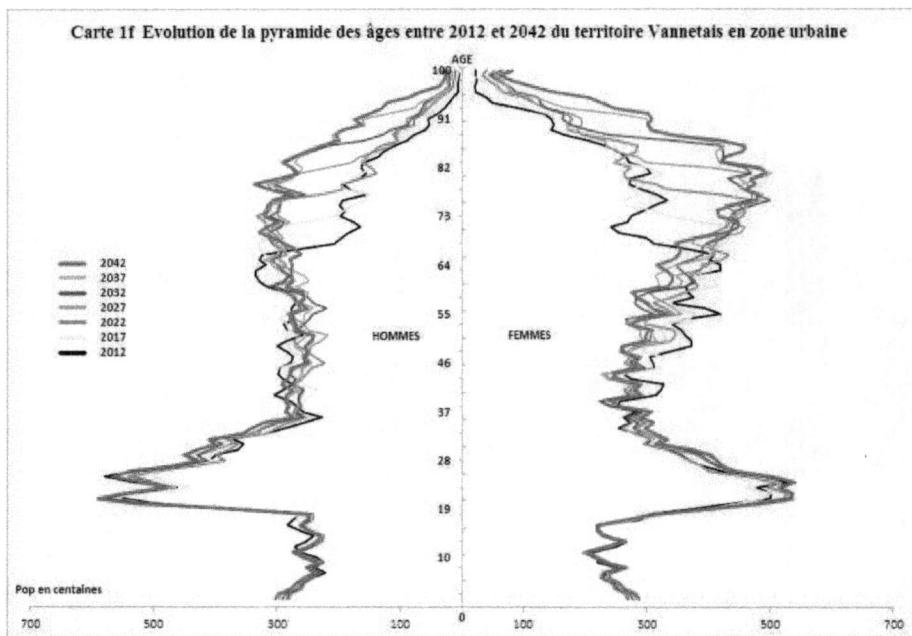

Carte 1f Evolution de la pyramide des âges entre 2012 et 2042 du territoire Vannetais en zone urbaine

Source : Insee, projection Omphale territoire vannetais, 2012-2042

Voyons maintenant en détail la pyramide des âges par zone géographique. Le tableau 1f présente l'évolution de la pyramide sur la période d'étude 2012-2042. On remarque rapidement les déséquilibres de cette pyramide, avec une proportion de 20-59 ans importante mais qui ne comble pas le déficit des naissance et la tranche des plus de 60 ans qui ne cesse de croître en raison du vieillissement caractérisé du territoire comme nous l'avons vu précédemment. Les 3 zones du territoire Vannetais s'inscrivent dans une tendance plus large au niveau départemental et régional qu'il convient d'analyser.

Au regard de l'analyse démographique il apparaît que la commune de Vannes s'inscrit dans le prolongement de la démographie du Morbihan. En effet celui-ci connaît une croissance démographique de 1.1% sur la période 1999-2006 ( soit une évolution de 7,9% en 7 ans)[28]. Le solde migratoire explique à 90% cette évolution. Il

---

[28] VIGHETTI JP. MORVAN Y. (2007), *Mobilité des populations et territoires de Bretagne, à l'horizon 2030 : réflexions et prospectives*, Conseil économique et social, Rennes : Région Bretagne ; Page264.

est le plus élevé des départements bretons : + 44000 habitants[29]. La commune de Vannes a enregistré sur la période 1999-2006 plus de 7000 migrants[30].

Cette vague de migrants venus pour trouver un emploi dans une commune attractive explique la forte proportion d'actifs de 20-40 ans sur la pyramide des âges ; le problème vient du fait que ces actifs ont moins d'enfants, la natalité est faible et cela se répercute sur la pyramide des âges.

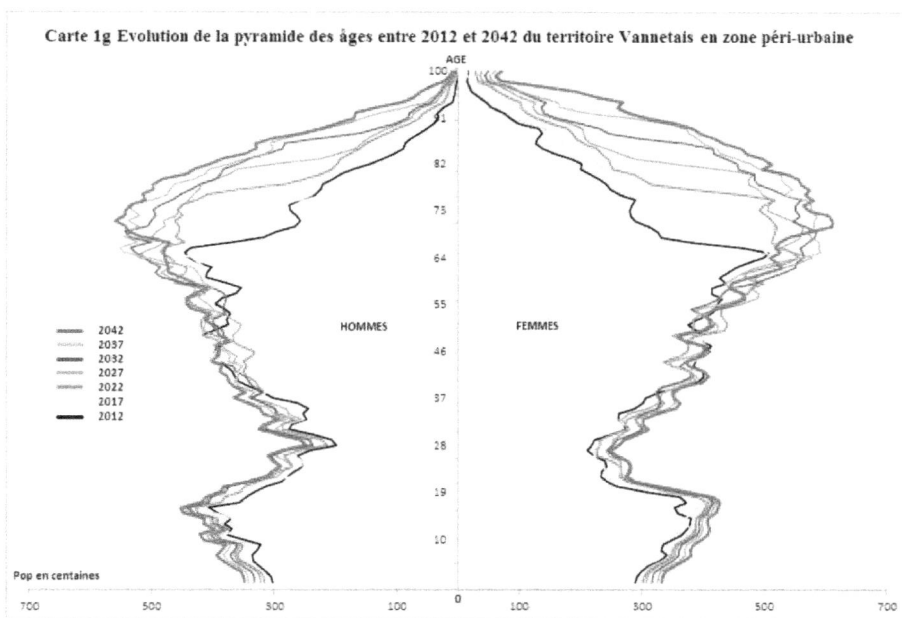

Source : Insee, projection Omphale territoire vannetais, 2012-2042

Pour ce qui est de la zone péri-urbaine (tableau 1g), l'attractivité du littoral joue à plein pour les nouveaux arrivants. Sur 10 nouveaux habitants, 4 s'installent sur le littoral. Les nouveaux résidents sur le littoral représentent 9,2 % de la population[31]. Parmi les nouveaux habitants, 36 000 ont décidé de passer leur retraite en Bretagne.

---

[29] BACCAINI B. LEVY D. (juillet 2009), *Recensement de la population de 2006 : les migrations entre départements : le Sud et L'Ouest toujours très attractifs*, Insee Provence-Alpes-Côte d'Azur. - Dans : Insee première ; n°1248, P4.
[30] *Ibid.*
[31] *Ibid.*

Ils représentent seulement 14 % des arrivants, contre 25 % dans la population bretonne. En outre, ils sont trois fois moins nombreux que les actifs arrivant. Cependant, il existe des disparités géographiques. En Bretagne, ils représentent 5 % de la population des retraités, dans le Morbihan 8 %[32]. Cette tendance qui s'ajoute à une population présente déjà touchée par le phénomène de vieillissement du fait d'un départ rapide de ses actifs (tranche 20-59 ans) sur les communes urbaines (Vannes, Saint-Avé), a un effet multiplicateur pour cette catégorie, ce qui explique le déséquilibre entre les tableau 1f et 1g. Cette attirance des retraités pour le littoral est valable pour toute la côte du Morbihan mais son impact est plus important sur le littoral du Golfe du Morbihan[33] (carte 1h).

**Carte 1h  Communes de résidence des migrants retraités dans le Morbihan en 2006**

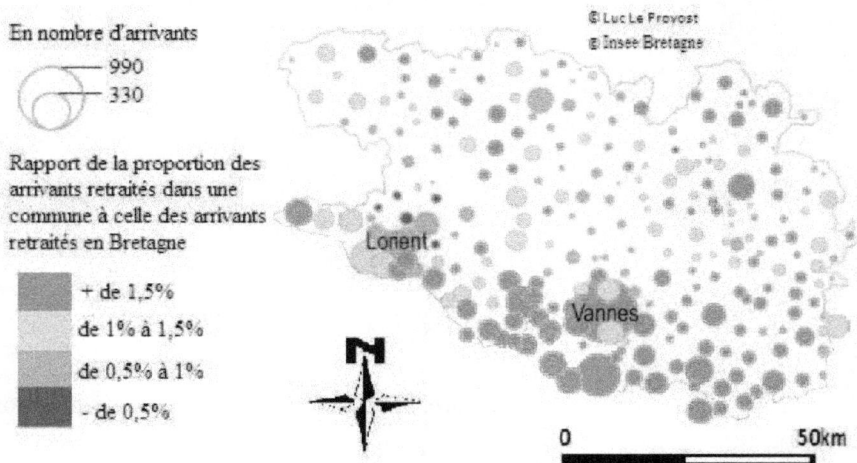

Source : Insee, recensement de la population 2006, exploitation principale

[32] CHRISTEL V. (Novembre 2006), *Trajectoires résidentielles des personnes âgées*, Insee. Dans : France, portrait social n° 10, P. 525 à 529.
[33] BAUDEQUIN I. (Septembre 2009), *Villes, mer, campagne : comment les nouveaux habitants dynamisent les différents territoires bretons*, Insee, Octant n°117, P29.

La 3<sup>ème</sup> zone, dite rurale, est caractéristique d'une zone traditionnelle de vieillissement de la population (carte 1i). En effet, son attraction limitée par rapport au littoral (bien que le découpage choisi englobe des communes du littoral mais son impact sur la statistique en terme de population ne peut biaiser les données d'ensemble, tout au plus la population âgée se voit augmenter), ne lui permet pas de bénéficier de nouveaux migrants extérieurs suffisant pour adoucir l'accélération du vieillissement[34].

En revanche Le vieillissement démographique du territoire rural résulte en partie de flux croisés de populations très différentes. D'un côté, les jeunes ruraux migrent vers les centres urbains pour achever des études (Vannes est la seule commune à disposer d'une université) ou trouver un emploi (Vannes et Saint-Avé sont les deux zones urbaines d'attrait des migrations interterritoriales), et de l'autre, des urbains fraîchement retraités, à la recherche d'un cadre de vie plus calme, sain et verdoyant, et aussi en terme de conjoncture moins onéreux pour ce qui est de l'accession à la propriété, viennent renforcer le vieillissement naturel de la population rurale (effet qui augmente avec l'éloignement géographique par rapport au centre urbain)[35].

[34] ROUXEL M. (Décembre 2000), Bretagne : les nouveaux profils des migrants, Insee, Direction régionale de Bretagne, Octant n°84, Pages 4 à 10.
[35] KEROUANTON M-H. MORO S. (Janvier 2006), *Les migrations des jeunes Bretons diplômés de l'enseignement supérieur entre 1990 et 1999*, Insee Bretagne, Octant ; n° 104, P. 4-13.
COUET C (Novembre 2006), *la mobilité résidentielle des jeunes*, Insee, France portrait social, n° 10, P. 495-504.
CHRISTEL V. (Novembre 2006), *Trajectoires résidentielles des personnes âgées*, Insee, France portrait social, n° 10, P. 525-529.

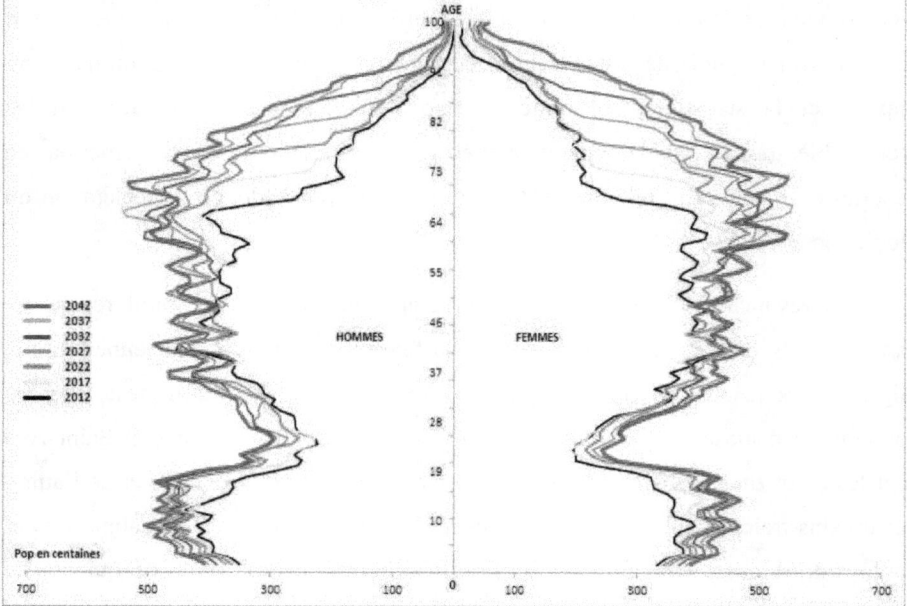

Carte 1i Evolution de la pyramide des âges entre 2012 et 2042 du territoire Vannetais en zone rurale

*Source : Insee, projection Omphale territoire vannetais, 2012-2042*

La carte 1j montre l'évolution de la pyramide des âges sur l'ensemble du territoire Vannetais, elle démontre que le territoire a achevé sa transition démographique et se situe dans le droit fil du vieillissement de la population constaté au niveau national. Avec une base de la tranche des 0-19 ans inférieure à celle des plus de 65 ans, le constat va s'amplifier sur la période de référence avec une part des plus de 75 ans sur l'ensemble du territoire qui va passer de 9,8% en 2012 à 20% en 2042, soit un doublement de la part la plus âgée de la population.

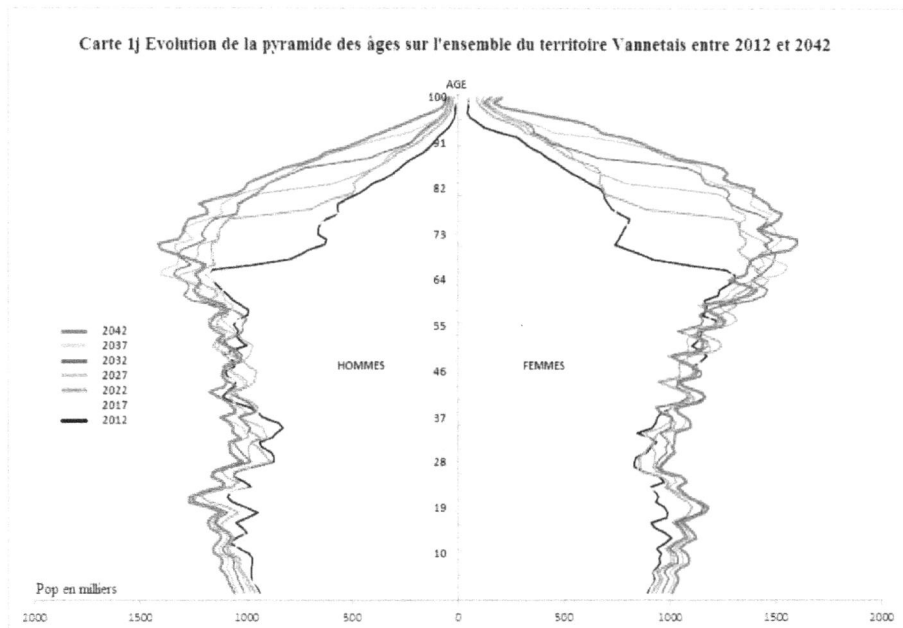

*Source : Insee, projection Omphale territoire vannetais, 2012-2042*

L'effet migrant n'explique que les déséquilibres dans le nombre d'individus par tranche de population. Le facteur le plus important réside dans le faible taux de natalité des 3 zones d'étude ; sans compter que l'âge moyen pour une femme d'avoir un enfant s'établit beaucoup plus tard qu'auparavant, puisqu'il était de 27 ans en 1975 contre 30 en 2010[36].

**Tableau 1[E] : Analyse de la natalité par territoire géographique en 2011**

| | Territoire Vannetais Zone urbaine | Territoire Vannetais zone péri-urbaine | Territoire Vannetais zone rurale | Morbihan | Bretagne | France |
|---|---|---|---|---|---|---|
| Naissances | 573 | 577 | 676 | 7 894 | 36 763 | 821 589 |
| Taux de natalité (en ‰) | 10,73 | 10,55 | 12,53 | 10,8 | 11,4 | 12,6 |

*Sources : Insee, état civil (données domiciliées) 2011, estimations de population, Omphale 2012*

---

[36] *Ibid.*

Le tableau 1$^e$ nous offre l'autre explication du vieillissement futur de la population dans le territoire vannetais : par le calcul de la natalité[37] nous pouvons mesurer la faiblesse de ce taux dans nos territoires à commencer par le territoire le plus touché : la zone péri-urbaine. Avec un taux de 10,55 pour mille il se trouve en deçà de la moyenne nationale, régionale et même départementale. Ce qui explique en valeur constante sur la période 2012-2042 la forte population de personnes âgées (voir tableau 1c). La zone la moins touchée relativement est la zone rurale car son taux est proche de la moyenne nationale (12,53‰ contre 12,6‰ en France).

L'analyse de la démographie du territoire et les comparaisons à l'échelle nationale montrent un territoire Vannetais qui va connaître une croissance massive des personnes âgées (population des 65 ans et plus) du en partie à une natalité faible dans ce territoire, conjugué au phénomène de migration des personnes âgées venant profiter de leur retraite sur le littoral vannetais. On parle aussi d'un effet de « gérontocroissance » par la prise en compte de l'importance de la tranche d'âge des 85 ans et plus qui vont voir leur effectif augmenter de plus de 40% dans certaines zones (tableau 1c). Cette incidence démographique va avoir une importance capitale dans la construction de notre projection de lits médicalisés sur le territoire d'étude.

---

[37] Le taux de natalité est le rapport entre le nombre annuel de naissances et la population totale exprimée dans l'année de référence en pour mille (‰). Il se calcul selon la formule suivante TN = n/p*1000, où est n le nombre de naissance dans l'année et p la population totale de l'année de référence.

# Partie 2 : L'impact du vieillissement sur l'offre d'hébergement à l'horizon 2042

## Section 1 : L'offre actuelle d'hébergement

Pour pouvoir réaliser une analyse cohérente de la projection de lits pour l'accueil des personnes dépendantes en institution, il nous fallait nous baser sur une enquête de terrain pour pouvoir bénéficier de chiffres reflétant la réalité de l'offre actuelle et ainsi pouvoir définir une projection la plus réaliste possible (voir méthodologie). Le territoire gérontologique Vannetais est composé de 21 établissements d'accueil pour personnes âgées dépendantes répartis entre des unités sanitaires (USLD) et des unités médico-sociales (EHPAD). Nous nous intéresserons seulement aux lits d'hébergement permanent car la volatilité des données pour l'hébergement temporaire et l'accueil de jour ne permettrait pas une construction fiable sur le même modèle. Aussi nous allons étudier plus particulièrement la capacité d'accueil théorique des établissements, le taux de remplissage, la structure par âge et par sexe, le GMP[38] moyen de l'établissement, la population par grille GIR[39], le prix de journée moyen (et la tarification GIR associée) ainsi que le nombre d'entrées et de sorties dans l'année.

---

[38] GMP : Gir Moyen Pondéré, permet pour un établissement de connaitre le degré de dépendance de ses résidents.

[39] La grille nationale Aggir (Autonomie, gérontologie, groupe iso-ressources) permet d'évaluer le degré de dépendance du demandeur de l'allocation personnalisée d'autonomie (Apa). L'évaluation a lieu sur la base de plusieurs variables, qui servent à déterminer le niveau de dépendance de la personne. Ces niveaux sont répartis en 6 groupes, dits "iso-ressources" (Gir). Groupes GIR qui vont de la dépendance légère (GIR 5-6) à la dépendance lourde (GIR 1-2).

[39] Un EHPAD peut être public, privé associatif ou privé lucratif. Sa création est soumise à une procédure d'autorisation préalable conjointe du Président du Conseil général et du Directeur Général de l'Agence régionale de santé. Il doit être autorisé à dispenser des soins aux assurés sociaux pour l'ensemble de sa capacité et doit conclure avec l'État et le Conseil général une convention tripartite pluriannuelle fixant, pour une durée de 5 ans, les objectifs de qualité de la prise en charge des résidents et ses moyens financiers de fonctionnement (budget dépendance et hébergement délivré par le Conseil Général, budget soin délivré par l'ARS). L'établissement exprime également dans la convention pluriannuelle tripartite l'option tarifaire relative à la dotation soins.

*Localisation des établissements*

Notre territoire comprend 21 établissements (carte 2a), dont 19 sont des EHPAD[40] et 2 des USLD[41], répartis sur 9 communes : avec 6 établissements dont 5 Ehpad et 1 Usld à Vannes, 4 établissements dont 3 Ehpad et 1 Usld à Saint-Avé, 2 unités Ehpad à Colpo ainsi qu'à Arradon, Theix et Sarzeau et enfin 1 Ehpad dans les communes de Grand-Champ, l'Ile aux Moines et Elven. La répartition paraît assez homogène sur le territoire bien que les communes de Vannes et Saint-Avé s'adjugent près de la moitié des établissements Ehpad et l'intégralité des Unités de soins de longue durée. Il est à noter la présence d'un Ehpad insulaire représenté par l'Ile aux Moines avec un effectif en hébergement permanent de 21 places[42].

---

[40] Les unités de soins de longue durée dépendent des centres hospitaliers. Elles sont spécifiquement réservées aux personnes fortement dépendantes dont l'état de santé demande une surveillance médicale constante, des soins permanents et un suivi médical spécifique.
Elles ont étés définies par l'arrêté du 12 mai 2006 relatif au référentiel destiné à la réalisation de coupes transversales dans les USLD, JORF n°121 du 25 mai 2006 page 7778, texte n° 28.

[42] Conseil général du Morbihan, *Les établissements d'accueil pour personnes âgées dépendantes dans le Morbihan*, 2012.

Carte 2a  Localisation des EHPAD et USLD du territoire gérontologique Vannetais

*Source : Conseil général du Morbihan*

Sur le littoral, secteur géographique qui présente le plus de personnes âgées (voir partie 1-section2), on se retrouve devant un « désert » de lits médicalisés[43]. Si l'on excepte Vannes, seules deux communes bénéficient de lits de ce type, à savoir : Arradon avec deux établissements et Sarzeau avec aussi deux établissements (nous mettons l'Ile aux Moines de côté compte tenu de son insularité). En revanche aucune des sept autres communes du littoral n'accueille d'ehpad. Si Arradon et Sarzeau bénéficient respectivement 119 et 155 places d'hébergement permanent (carte 2b), on peut s'interroger sur le manque d'établissements médicaux-sociaux dans une zone aussi « fournie » en personnes en âge d'être prises en charge en institution. La question trouve un premier élément de réponse avec la forte influence de Vannes qui « vampirise » l'offre, comme nous pouvons le voir sur la carte suivante. La commune offre plus de 660 places en Ehpad mais

---

[43] Les lits médicalisés sont les lits faisant l'objet d'une surveillance par une équipe de soins disponible de façon permanente, ils se retrouvent dans les ehpad et les usld.

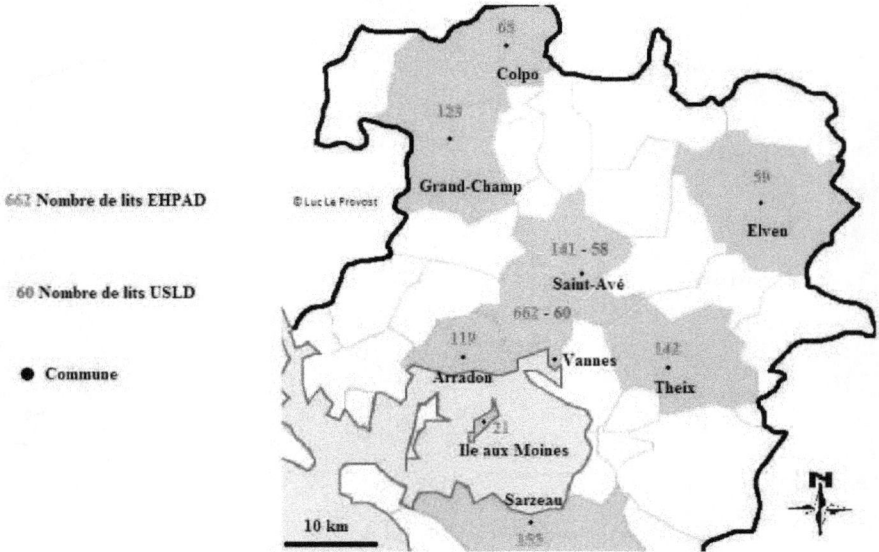

*Source : conseil général du Morbihan et résultat d'enquête terrain*

aussi 60 en Usld, avec dans le secteur proche Saint-Avé et ses 199 lits médicalisés dont 58 en place d'usld[44] et Theix, commune limitrophe qui offre 142 lits. On le voit, l'offre de lits sur le territoire paraît au premier abord comme tout à fait homogène, mais en se penchant sur l'offre réelle en terme d'établissements et de nombre de lits, on s'apercoit de la prédominence de Vannes dans son territoire.

## *Capacité théorique des établissements*

Une des variables les plus importantes de notre ètude se situe dans la projection des lits à l'horizon 2042 ; pour cela il nous fallait connaître l'offre réélle des établissements en terme d'hébergement permanent des personnes âgées. Aussi nous

---

[44] Les résidents des usld demandant une forte présence médicale et para-médicale compte tenu de la dépendance et des pathologies de ceux-ci (Gir 1-2), les centres hospitaliers capable de les accueillir se retrouvent dans les grandes agglomérations disposant de l'équipement nécessaire à la prise en charge de résidents poly-pathologique.

avons demandé aux directeurs d'établissements de nous fournir les chiffres capacitaires les concernant, ainsi que la structure juridique afin d'établir une projection la plus juste possible (tableau 1a et 1b).

**Tableau 2.a : Nombre d'établissements et de places associées par statut**

| Statut | Territoire Vannetais | | Morbihan | |
|---|---|---|---|---|
| | Etablissements | Capacité | Etablissements | Capacité |
| Privé à but lucratif | 7 | 402 | 9 | 549 |
| Privé à but non lucratif | 2 | 132 | 25 | 1647 |
| Public territorial | 4 | 221 | 26 | 1667 |
| Public hospitalier | 4 | 278 | 26 | 2401 |
| Public autonome | 4 | 572 | 20 | 2116 |
| **Total** | **21** | **1605** | **106** | **8380** |

*Sources : résultat d'enquete 2012, conseil général : synthèse budgétaire 2012*

La répartition présentée nous montre un réél équilibre des places entre le département et le territoire gérontologique vannetais ; en effet la population des plus de 75 ans en 2009 (recensement de la population officielle) était de 72320 dans le département et de 13902 pour le territoire vannetais soit près de 20% de l'ensemble. Pour ce qui est des places, le rapport entre les deux unités géographiques est de 19% des places sur le territoire d'étude. En chiffre brut, même si la signification n'a que peu d'intérêt statistique, il montre une certaine homogénéité entre le département et le territoire choisi. En revanche la part des établissements à but lucratif est concentrée à 80% dans le territoire vannetais, ce déséquilibre s'expliquant par l'attractivité du littoral du golfe du Morbihan sur une population allochtone avec un PIB/habitant beaucoup plus important (migrations d'Ile de France), qui est évidemment beaucoup plus représentée dans les établissements privés[45] à but lucratif.

Le secteur public représente près de la moitié de l'offre en institution (57%) ainsi que la totalité des lits d'Usld (par leur statut les usld sont gérés par la fonction publique hospitalière). Ce chiffre est à mettre en rapport avec ceux du reste du département où la part du public avoisinne les 70%. Nous avons donc sur notre

---

[45] GRANGER R. (Septembre 2009), *Le Morbihan en 2006 : le département attire des actifs qualifiés et des retraités*, Insee, Octant n°117.

territoire une sous-représentation du secteur public dans l'offre médico-sociale, qui se traduit par un secteur privé très présent sur notre territoire.

Cela est dû, comme nous l'avons vu, en partie grâce aux migrants venant de région plus riches et disposant d'un pouvoir d'achat supérieur au reste des autochtones, mais aussi par l'attrait du littoral où le secteur privé peut bénéficier d'une demande plus large pour une clientèle cible disposant de ressources financières bien plus importantes.

**Tableau 2b : Répartition de l'offre du territoire par capacité et statut**

| Commune | Nom | Statut | HP[46] | HT[47] | AJ[48] |
|---|---|---|---|---|---|
| Arradon | Résidence l'hesperie | EHPAD privé à but lucratif | 62 | | |
| Colpo | Résidence du pays vert "l'Hesly" | EHPAD privé à but lucratif | 25 | | |
| Colpo | Maison de la princesse Elisa | EHPAD privé à but lucratif | 40 | | |
| Saint-Avé | Résidence Plaisance | EHPAD privé à but lucratif | 38 | | |
| Sarzeau | Résidence d'Automne | EHPAD privé à but lucratif | 70 | | |
| Theix | La villa Bleue | EHPAD privé à but lucratif | 62 | | |
| Vannes | Résidence Orpéa "Cliscouet" | EHPAD privé à but lucratif | 105 | | |
| Vannes | Résidence Beaupré Lalande | EHPAD privé à but non lucratif | 65 | 3 | 6 |
| Vannes | Résidence Edilys | EHPAD privé à but non lucratif | 67 | 2 | |
| Arradon | Résidence Kerneth | EHPAD public territorial | 57 | | |
| Ile aux Moines | Résidence Léon Vinet | EHPAD public territorial | 21 | | |
| Saint-Ave | Résidence du parc | EHPAD public territorial | 63 | 2 | 1 |
| Theix | Résidence Roz Avel | EHPAD public territorial | 80 | 7 | |
| Saint-Ave | EPSM | EHPAD public hospitalier | 40 | | |

[46] Hébergement permanent
[47] Hébergement temporaire
[48] Hébergement en accueil de jour

| Vannes | Les maisons du lac | EHPAD public hospitalier | 120 | | | |
|--------|--------------------|--------------------------|-----|---|---|---|
| Saint-Ave | EPSM | USLD public hospitalier | 58 | | | |
| Vannes | Les maisons du lac | USLD public hospitalier | 60 | | | |
| Elven | La chaumière | EHPAD public autonome | 59 | | | |
| Grand-Champ | Résidence de Lanvaux | EHPAD public autonome | 123 | | | |
| Sarzeau | Résidence pierre de Francheville | EHPAD public autonome | 85 | | 8 | |
| Vannes | Unité de maison de retraite Mareva | EHPAD public autonome | 305 | 6 | 6 | |
| **Total** | | **21** | **1605** | **20** | **21** | |

*Sources : résultat d'enquete 2012, conseil général : synthèse budgétaire 2012*

Le tableau 2b présente la répartition des places par établissement et par type d'hébergement :permanent, temporaire et accueil de jour. La moyenne de places disponibles théoriques est de 76 places par établissement tous types confondus (ehpad + usld). Cette moyenne monte à 78 places disponibles en Ehpad et 59 places en Usld. Nous nous passerons des places en accueil de jour et en hébergement temporaire car le turnover beaucoup trop important dans ce type d'hébergement empêche une véritable étude de ceux-ci[49]. Il faut noter que le total des places disponibles en hébergement permanent diffère quelque peu du chiffrage du conseil général, l'enquete sur le terrain faisant remonter 1605 places disponibles en terme d'hébergement permanent

contre 1620 pour le conseil général. Pour notre étude nous prendrons en compte les chiffres donnés par les directeurs d'établissements.

*Taux de remplissage et flux des résidents*

**Tableau 2c : Flux entrants/sortants et taux de remplissage des établissements du territoire vannetais**

| Commune | Nom | Nombre d'Entrée / Sorties | | |
|---------|-----|---------------------------|---|---|
| | | Entrées dans | Sorties dans | % |

---

[49] Les chiffres d'accueil en hébergement temporaire et en accueil de jour diffèrent selon les autorités de tutelles : il existe trois chiffrages différents entre le résultat de l'enquête terrain, celui de l'ARS et enfin celui du conseil général. Cela est dû en partie à leur utilisation par les directeurs d'établissement qui font varier ces places en fonction de la demande, il n'est pas rare de voir une place en hébergement temporaire devenir, au gré des demandes, une place en hébergement permanent.

| | | l'année | l'année | capacité |
|---|---|---|---|---|
| Arradon | Résidence l'hesperie | 26 | 26 | 95,13% |
| Arradon | Résidence Kerneth | 14 | 12 | 95,00% |
| Colpo | Résidence du pays vert "l'Hesly" | 4 | 5 | 96,66% |
| Colpo | Maison de la princesse Elisa | 8 | 9 | 97,90% |
| Elven | La chaumière | 11 | 11 | 96,61% |
| Grand-Champ | Residence de Lanvaux | 39 | 36 | 98,11% |
| Ile aux Moines | Residence Leon Vinet | 1 | 1 | 95,40% |
| Saint-Ave | Residence Plaisance | 9 | 11 | 94,00% |
| Saint-Ave | Residence du parc | 21 | 19 | 94,60% |
| Saint-Ave | EPSM | 11 | 7 | 99,04% |
| Saint-Ave | EPSM USLD | 7 | 11 | 99,89% |
| Sarzeau | Residence d'Automne | 27 | 26 | 98,30% |
| Sarzeau | Residence pierre de Francheville | 25 | 26 | 98,40% |
| Theix | La villa Bleue | 24 | 27 | 97,48% |
| Theix | Residence Roz Avel | 23 | 22 | 97,00% |
| Vannes | Residence Orpéa "Cliscouet" | 54 | 55 | 100,00% |
| Vannes | Residence Beaupré Lalande | 22 | 23 | 97,45% |
| Vannes | Residence Edilys | 9 | 9 | 98,10% |
| Vannes | Les maisons du lac | 39 | 44 | 98,83% |
| Vannes | Unite de maison de retraite Mareva | 152 | 158 | 98,79% |
| Vannes | Les maisons du lac USLD | 36 | 39 | 98,83% |
| Total | | **562** | **577** | **97,41%** |

Au vu des chiffres du taux d'occupation de notre territoire (tableau 2c), il se situe au-dessus de la moyenne nationale[50]. Nous observons un taux de 97,41% en moyenne sur les établissements de notre territoire contre 96% pour la France en 2012[51]. Cela traduit une gestion optimum du parc de places disponibles, mais cela démontre également que le système arrive à saturation.

*Structure par âge des résidents*

**Tableau 2d : Structure par âges des résidents en établissements du territoire vannetais**

---

[50] SCOLAN I. (Janvier 2013), *Observatoire des Ehpad en 2012*, KPMG.
[51] Les statistiques sur le taux de remplissage ne prennent en compte dans leur étude que les établissements public et privés à but non lucratif, les établissements privés à but lucratif n'ont aucune obligation légale, en tant que société, de publier ces chiffres. Aussi la moyenne nationale est à prendre avec précaution.

| Commune | Nom | Nombres d'hommes | | | Nombres de femmes | | |
|---|---|---|---|---|---|---|---|
| | | (-) de 75 ans | (+) de 75 ans | (+) de 80 ans | (-) de 75 ans | (+) de 75 ans | (+) de 80 ans |
| Arradon | Résidence l'hesperie | 0 | 5 | 16 | 2 | 27 | 34 |
| Arradon | Résidence Kerneth | 3 | 12 | 9 | 2 | 17 | 23 |
| Colpo | Résidence du pays vert "l'Hesly" | 0 | 3 | 6 | 1 | 8 | 11 |
| Colpo | Maison de la princesse Elisa | 2 | 8 | 9 | 3 | 9 | 17 |
| Elven | La chaumière | 1 | 5 | 9 | 2 | 22 | 29 |
| Grand-Champ | Residence de Lanvaux | 6 | 22 | 20 | 7 | 36 | 65 |
| Ile aux Moines | Residence Leon Vinet | 2 | 4 | 2 | 1 | 5 | 7 |
| Saint-Ave | Residence Plaisance | 0 | 2 | 0 | 11 | 12 | 21 |
| Saint-Ave | Residence du parc | 3 | 8 | 5 | 4 | 19 | 39 |
| Saint-Ave | EPSM | 5 | 9 | 7 | 3 | 10 | 12 |
| Saint-Ave | EPSM USLD | 6 | 12 | 11 | 6 | 12 | 22 |
| Sarzeau | Residence d'Automne | 1 | 8 | 16 | 3 | 21 | 45 |
| Sarzeau | Residence pierre de Francheville | 9 | 18 | 14 | 9 | 28 | 31 |
| Theix | La villa Bleue | 5 | 17 | 13 | 6 | 20 | 26 |
| Theix | Residence Roz Avel | 3 | 8 | 15 | 2 | 21 | 50 |
| Vannes | Residence Orpéa "Cliscouet" | 8 | 25 | 21 | 24 | 43 | 39 |
| Vannes | Residence Beaupré Lalande | 2 | 18 | 16 | 4 | 19 | 26 |
| Vannes | Residence Edilys | 1 | 7 | 10 | 0 | 6 | 51 |
| Vannes | Les maisons du lac | 12 | 19 | 17 | 14 | 27 | 73 |
| Vannes | Unite de maison de retraite Mareva | 27 | 68 | 54 | 34 | 128 | 146 |
| Vannes | Les maisons du lac USLD | 15 | 8 | 11 | 9 | 21 | 34 |
| Total | | 111 | 286 | 281 | 147 | 511 | 801 |

*Source : résultats enquête terrain 2012*

Le tableau 2d est un bon indicateur de la démographie des établissements. En effet grâce à l'enquête -terrain, nous allons pouvoir faire des projections par tranche d'âge sur notre territoire. L'analyse du tableau montre une population composée de 2137 résidents[52], comprenant 678 hommes et 1459 femmes soit une répartition de 31,7% pour les hommes et de 68,3% pour les femmes, chiffre qui suit l'espérance de vie beaucoup plus élevée pour les femmes[53]. Pour la structure par âge 42,18% des hommes sont compris dans la tranche 75-79 ans contre 41,44% pour la tranche des

---

[52] Le total des résidents est calculé avec le flux total des résidents sur l'année 2012.
[53] L'espérance de vie à la naissance était de 78,2 années en 2011 contre 84,8 années pour les femmes, Insee, projection de l'espérance de vie en 2011.

plus de 80 ans. Pour les femmes la tendance est beaucoup plus lourde. En effet 54,9% d'entres elles sont dans la tranche supérieure à 80 ans contre seulement 35% de 75-79 ans.

*GMP[54] des établissements*

Le GMP sur notre territoire s'établit à 683 (tableau 2$^e$), il se situe dans la moyenne départementale qui est de 689[55]. En revanche il est très au-dessus des statistiques francaises, puisque selon l'observatoire des Ehpad de KPMG, sa valeur nationale se situe à 647[56]. Près de 40% des établissements français se trouve dans la tranche située entre 600 et 700 de GMP contre 66% des établissements de notre territoire. Deux établissements ont un GMP supérieur à 800, il s'agit ici de l'Ehpad et de l'Usld « les maisons du lac » qui dépendent du CHBA[57]. On remarque effectivement que le GMP évolue en fonction du statut de l'établissement (tableau 2ebis).

Les établissements ayant le plus fort GMP sont logiquement ceux appartenant au secteur public hospitalier : les Usld et les Ehpad hospitaliers (ex-Usld), dont la population de résidents a une dépendance beaucoup plus importante, ont un GMP respectivement de 802 et 737, contrairement au secteur privé qui voit son GMP le plus bas avec respectivement 577 pour le secteur privé à but non lucratif et 679 pour le privé à but lucratif.

**Tableau 2e : Gir moyen pondéré des établissements du territoire vannetais**

| Commune | Nom | GMP de l'Etablissement |
|---|---|---|
| Arradon | Résidence l'hesperie | 732 |
| Arradon | Résidence Kerneth | 676 |
| Colpo | Résidence du pays vert "l'Hesly" | 689 |
| Colpo | Maison de la princesse Elisa | 672 |
| Elven | La chaumière | 685 |

---

[54] GMP pour Gir Moyen Pondéré : il permet de mesurer la dépendance globale d'un établissement au regard de la population qu'il accueille.
[55] Conseil général du Morbihan, *synthèse de campagne budgétaire du département*, 2012.
[56] SCOLAN I. (Janvier 2013), *Observatoire des Ehpad en 2012*, KPMG.
[57] CHBA : Centre Hospitalier Bretagne Atlantique

| Grand-Champ | Residence de Lanvaux | 699 |
|---|---|---|
| Ile aux Moines | Residence Leon Vinet | 683[58] |
| Saint-Ave | Residence Plaisance | 654 |
| Saint-Ave | Residence du parc | 587 |
| Saint-Ave | EPSM | 633 |
| Saint-Ave | EPSM USLD | 745 |
| Sarzeau | Residence d'Automne | 683 |
| Sarzeau | Residence pierre de Francheville | 722 |
| Theix | La villa Bleue | 646 |
| Theix | Residence Roz Avel | 693 |
| Vannes | Residence Orpéa "Cliscouet" | 680 |
| Vannes | Residence Beaupré Lalande | 685 |
| Vannes | Residence Edilys | 469 |
| Vannes | Les maisons du lac | 841 |
| Vannes | Unite de maison de retraite Mareva Vannes 4 sites | 610 |
| Vannes | Les maisons du lac USLD | 860 |
| **Moyenne GMP** | | **683** |

**Tableau 2ᵉ bis : GMP par statut des établissements**

| EHPAD privé à but lucratif | 679 |
|---|---|
| EHPAD privé à but non lucratif | 577 |
| EHPAD public territorial | 660 |
| EHPAD public hospitalier | 737 |
| EHPAD public autonome | 679 |
| USLD public hospitalier | 802 |

*Source : résultats enquête terrain 2012*

*Prix de journée d'hébergement et tarification Gir*

Les mêmes différences se retrouvent dans la tarification des établissements en ce qui concerne le prix de journée d'hébergement. En effet les établissements qui sont

---

[58] Seule donnée de l'enquête terrain qui n'a pu être recueillie, la direction refusant de transmettre le chiffre, pour ne pas biaiser les statistiques globales, nous avons pris comme référence la moyenne Gmp du territoire que nous avons indicé sur celui de l'établissement de l'Ile aux Moines.

habilités à l'aide sociale à l'hébergement voient leurs tarifs fixés par le conseil général[59] (ce qui représente pour notre territoire 13 établissements). En revanche pour le reste des établissements (soit les 7 établissements du secteur privé lucratif auquel on ajoute 1 établissement à but non-lucratif, la résidence Edilys de Vannes qui a refusé de recevoir des bénéficiaires de l'aide sociale), la tarification est libre. Toutefois, l'augmentation du tarif pour le secteur privé est limité chaque année par arrêté du ministère de l'économie et des finances.

**Tableau 2f : Prix de journée et tarification Gir des établissements du territoire vannetais**

| Commune | Nom | Prix de journée constaté | Tarification Gir | | | Aide sociale Hébergement |
|---|---|---|---|---|---|---|
| | | | 1 et 2 | 3 et 4 | 5 et 6 | |
| Arradon | Résidence l'hesperie | **107,65** | 23,1 | 14,66 | 6,22 | non |
| Arradon | Résidence Kerneth | 53,71 | 21,96 | 13,93 | 5,91 | oui |
| Colpo | Résidence du pays vert "l'Hesly" | **66,89** | 20,66 | 13,11 | 5,56 | non |
| Colpo | Maison de la princesse Elisa | **66,89** | 19,3 | 12,25 | 5,2 | non |
| Elven | La chaumière | 46,78 | 23,8 | 15,1 | 6,41 | oui |
| Grand-Champ | Residence de Lanvaux | 46,45 | 21,14 | 13,41 | 5,69 | oui |
| Ile aux Moines | Residence Leon Vinet | 50,4 | 20,36 | 12,92 | 5,48 | oui |
| Saint-Ave | Residence Plaisance | **74,25** | 14,7 | 9,33 | 3,95 | non |
| Saint-Ave | Residence du parc | 50,36 | 21,26 | 13,49 | 5,72 | oui |
| Saint-Ave | EPSM | 47,22 | 24,42 | 15,5 | 6,58 | oui |
| Saint-Ave | EPSM USLD | 47,22 | 24,42 | 15,5 | 6,58 | oui |
| Sarzeau | Residence d'Automne | **86** | 18,54 | 11,77 | 4,99 | non |
| Sarzeau | Residence pierre de Francheville | 50,94 | 24,82 | 15,75 | 6,68 | oui |
| Theix | La villa Bleue | **99** | 20,55 | 13,04 | 5,53 | non |
| Theix | Residence Roz Avel | 52,31 | 24,8 | 15,73 | 6,67 | oui |
| Vannes | Residence Orpéa "Cliscouet" | **80,8** | 16,65 | 10,56 | 4,48 | non |
| Vannes | Residence Beaupré Lalande | 55,19 | 22,42 | 14,23 | 6,04 | oui |

---

[59] Le prix de journée hébergement recouvre l'ensemble des prestations d'administration générale, d'accueil hôtelier, de restauration, d'entretien et d'animation de la vie intérieure de l'établissement. Ne sont donc pas prises en compte les dépenses liées au maintien de l'autonomie des personnes accueillies. Il est à la charge du résident sauf s'il bénéficie de l'aide sociale.

| Vannes | Residence Edilys | 44,09 | 19,8 | 12,57 | 5,33 | non |
|--------|------------------|-------|------|-------|------|-----|
| Vannes | Les maisons du lac | 47,47 | 25,34 | 16,08 | 6,82 | oui |
| Vannes | Unite de maison de retraite Mareva | 52,28 | 24,11 | 15,3 | 6,49 | oui |
| Vannes | Les maisons du lac USLD | 47,47 | 25,95 | 16,47 | 6,99 | oui |
| Moyenne | | **60,64** | **21,81** | **13,84** | **5,87** | 8 |

*Source : résultats enquête terrain 2012*

Le tableau 2f (page suivante), nous présente les prix de journée constatés sur l'ensemble des établissements de notre secteur d'analyse (les prix de journées indiqués comprennent le prix d'hébergement à la journée augmenté du ticket modérateur du GIR 5 et 6)[60].

Comme on peut le constater, les différences de tarifs s'accompagnent effectivement des différences de statuts des établissements. Les tarifs les plus élevés allant dans les structures de type privé lucratif (voir tableau 2f[bis]), et les tarifs les moins onéreux vers les établissements publics hospitaliers. La moyenne des prix du secteur se situe dans la fourchette du département. Le prix moyen d'hébergement sur le Morbihan s'élève à 51,10€ en 2012.[61]

**Tableau 2[f bis] : prix de journée par statut des établissements**
**sans le ticket modérateur (Gir 5-6)**

| EHPAD privé à but lucratif | 83,07 |
|-----------------------------|-------|
| EHPAD privé à but non lucratif | 49,64 |
| EHPAD public territorial | 51,7 |
| EHPAD public hospitalier | 47,34 |
| EHPAD public autonome | 49,1 |
| USLD public hospitalier | 47,34 |

*Source : résultats enquête terrain 2012*

*Répartition des résidents par niveau de Gir*

---

[60] Le ticket modérateur est la part à la charge du résident une fois déduite l'APA (l'APA s'applique uniquement aux GIR 1 à 4) s'il en bénéficie. Ce qui fait que dans tous les cas le montant minimum du prix de journée sera augmenté du ticket modérateur des GIR 5 et 6, ainsi s'explique le prix de journée constaté dans le tableau 2f.

[61] Conseil général du Morbihan, *synthèse de campagne budgétaire du département*, 2012.

Pour mesurer le niveau de dépendance[62] des résidents en établissement, il faut connaître la répartition de notre population par Gir. Le tableau 2g nous présente ces informations : on constate que 87,6% des résidents sont dans une dépendance lourde ou très lourde (Gir 1 à 4). La part de la tranche la plus dépendante (Gir 1-2) représente à elle seule plus de la moitié de la population résidente en établissement (53,25%). Les chiffres du territoire Vannetais suivent la logique constatée dans le département : le Morbihan compte 54,09% de résidents en institution en Gir 1-2 et la dépendance lourde touche 88,63% de la population hébergée. Comme nous l'avons vu en partie 1, la population âgée de plus de 85 ans va plus que doubler dans les vingts ans à venir[63]. La conséquence première sera justement au niveau de la répartition de ces nouveaux « arrivants » dans la grille AGGIR. Nous pouvons d'ores et déjà avancer l'idée que la répartition de la dépendance à

**Tableau 2g : Effectif des résidents par niveau de GIR**

| Grille AGGIR | Territoire vannetais | | Morbihan | |
|---|---|---|---|---|
| | Effectifs | % par Gir | Effectifs | % par Gir |
| GIR 1 | 346 | 20,95% | 1740 | 20,83% |
| GIR 2 | 535 | 32,30% | 2778 | 33,26% |
| GIR 3 | 265 | 16,05% | 1309 | 15,67% |
| GIR 4 | 302 | 18,30% | 1576 | 18,87% |
| GIR 5 | 94 | 5,70% | 498 | 5,96% |
| GIR 6 | 110 | 6,70% | 451 | 5,40% |
| Total | 1652 | 100% | 8352 | 100% |
| GMP moyen | 683 | | 689 | |

*Source :* Conseil général du Morbihan, *synthèse de campagne budgétaire du département*, 2012.

l'horizon 2020-2040, verra une population de résidents de plus en plus forte vers les Gir les plus sensibles (Gir 1-2) et un relatif déclin des Gir les moins sensibles (Gir 5-6).

---

[62] La dépendance se calcule par la population des Gir 1 à 4.
[63] Tableau 1c

*Taux d'équipement pour les personnes âgées de 75 ans et plus*

Pour finir cette partie sur les résultats de l'enquête terrain, intéressons-nous à l'indicateur de référence en France pour le calcul de l'équipement en lits disponibles. Cet indicateur on peut le qualifier d' « officiel », tant il est utilisé par les pouvoirs publics, les élus et les autorités de tutelles en charge des personnes âgées. Bien qu'il puisse être l'objet de critique[64], il permet de faire une comparaison rapide entre les territoires.

Dans le tableau 2h, nous pouvons analyser ce taux d'équipement en comparaison avec les indicateurs au niveau national, régional et départemental. A première vue, le taux d'équipement en lits médicalisés (Ehpad + Usld) de notre territoire fait apparaitre un déficit, puisqu'il se situe, pour l'ensemble du territoire Vannetais à 102,13‰, soit un taux inférieur à la moyenne départementale (106), très inférieur à la moyenne régionale (120,64) et dans des proportions similaires à la moyenne nationale (100,17).

**Tableau 2h : Taux d'équipement en lits médicalisés pour personnes âgées, pour 1000 personnes de 75 ans et plus et comparaison entres territoires**

| Territoire Vannetais | | | | Morbihan[65] | Bretagne[66] | France métro[67] |
|---|---|---|---|---|---|---|
| Territoire 1 : zone | Territoire 2 : zone | Territoire 3 : zone | Ensemble du | | | |

[64] MACE J-M. GUENNERY S. PICHERAL H. (Mars 2007), *L'hébergement des personnes âgées en France*, publié au CIRES (Centre international de Recherche en Economie de la Santé). Dans ce rapport les auteurs font une critique de ce taux en démontrant qu'en France cet indicateur a des limites quant à la pertinence du mode de calcul : « *Les départements les plus âgés et les plus vieillis ne sont pas les mieux équipés et inversement les mieux dotés ne sont pas ceux où les besoins apparaissent les plus pressants si l'on s'en tient à la proportion de personnes âgées et très âgées (> 75 et 85 ans). L'absence de corrélation géographique (et statistique) entre les niveaux départementaux de vieillissement et d'équipement traduit soit une inadéquation des ressources aux besoins soit une construction contestable de l'indicateur qui le prive d'une véritable signification opérationnelle. En effet procéder ainsi ne revient-il pas à utiliser un indicateur biaisé car tous les départements n'ont pas la même structure démographique à partir de 75ans. Il ne s'agit donc en fait que d'un taux brut qui n'autorise pas des comparaisons fondées entre départements.* » cité page 22.
[65] Les différences de taux avec les autorités de tutelles s'expliquent par le fait que ce taux est calculé en fonction de la population des personnes âgées de plus de 75 ans du dernier recensement de 2009. Nos chiffres partent de la projection Omphale du territoire au 01/01/2012.
[66] *Ibid.*
[67] *Ibid.*

| | urbaine | péri-urbaine | rurale | territoire[68] | | | |
|---|---|---|---|---|---|---|---|
| Population 75 ans et + | 6292 | 4972 | 4451 | 15715 | 77512 | 328840 | 5759521 |
| Ehpad | 662 | 557 | 268 | 1487 | 7798 | 37998 | 544815 |
| Usld | 60 | 58 | 0 | 118 | 418 | 1674 | 32137 |
| Lits médicalisés | 722 | 615 | 268 | 1605 | 8216 | 39672 | 576952 |
| 1°) Taux d'équipement EHPAD | 105,21 | 112,03 | 60,21 | 94,62 | 100,6 | 115,55 | 94,59 |
| 2°) Taux d'équipement USLD | 9,53 | 11,66 | 0 | 7,51 | 5,4 | 5,09 | 5,58 |
| Taux d'équipement en lits médicalisés (1° + 2°) | 114,74 | 123,69 | 60,21 | 102,13 | 106 | 120,64 | 100,17 |

*Sources : Drees/ARS/DRJSCS, Statiss 2012 pour les places d'hébergement, Insee, estimations de population au 01/01/2012, et résultats d'enquête terrain*[69]

On peut noter aussi que le territoire le plus déficitaire se situe dans la zone rurale du territoire Vannetais avec un taux de 60,21‰ et une absence de lits d'Usld. En revanche, notre territoire se porte bien au niveau des unités de soins de longue durée, puisque la moyenne du territoire est de 7,51‰ contre respectivement 5,4‰ et 5,09‰ pour respectivement le Morbihan et la Bretagne. Donc notre territoire apparaît en sous dotation, au vu du taux par rapport au reste du territoire départemental et régional, il se situe dans la moyenne française mais en revanche sa structure d'offre en Usld semble être en excédent sur le reste du territoire. Nous verrons dans la partie qui suit ce qu'il en est réellement en terme de projection.

*Zones d'attraction*

Grâce aux données recueillies par l'enquête auprès des directeurs d'établissements, nous connaissons aussi la provenance des résidents. Ceci nous permet de savoir l'attraction créée par les communes et ainsi de valider ou non le découpage par le conseil général du schéma gériatrique Vannetais. Il s'agit ici de mesurer les flux de personnes qui convergent vers un lieu, on parlera de bassin gérontologique par analogie avec les bassins de vie de l'Insee[70]. En effet, les limites posées par les

---

[68] *Ibid.*
[69] *Ibid.*
[70] DE KERVASDOUE J. PICHERAL H. sous la direction de (2004), *Santé et territoire, carnet de santé de la France en 2004*, Chapitre 9, page 147. Mutualité française, Dunod, 2004.

différents intervenants dans le découpage des territoires (communes, cantons, conseil général, ARS) ne sont pas étanches. La mobilité des résidents ne suit pas un découpage précis, car cette population « les ignore ou les franchit sans le savoir »[71].

Carte 2c : Zone d'attraction des établissements du territoire Vannetais

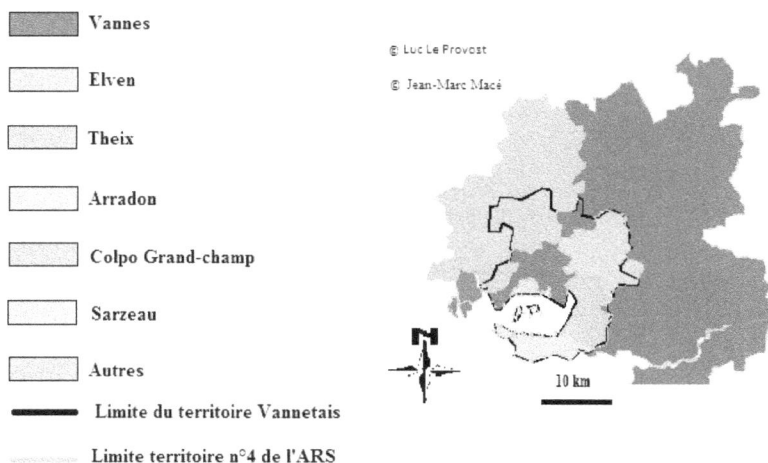

Vannes
Elven
Theix
Arradon
Colpo Grand-champ
Sarzeau
Autres
Limite du territoire Vannetais
Limite territoire n°4 de l'ARS

© Luc Le Provost
© Jean-Marc Macé

10 km

*Source : résultat d'enquête terrain, 2012*

La carte 2c nous présente les zones d'attraction de chaque commune présente sur le terrioire gérontologique vannetais. Notre enquête à pu déterminer la provenance des résidents avant leur entrée dans un établissement sanitaire ou médico-social. Cela nous permet de constituer une carte par la méthode dite « mirabelle »[72] : cette méthode reprise à l'Insee pour calculer les attractions constituées par les aires urbaines, a été développé pour s'adapter au secteur de la santé[73]. Comme

---

[71] *Ibid*, cité page 95.
[72] INSEE Ile de France (Mars-Avril 2002), Une méthode pour définir des bassins d'hospitalisation en Ile de France, Mensuel n°209.
[73] *Ibid,* page 2, nous avons une définition de cette méthode pour le secteur hospitalier : *« Le bassin hospitalier est construit pour être un ensemble de communes ou de codes postaux orienté, à la majorité relative, vers un même pôle hospitalier. Le pôle hospitalier peut être composé de plusieurs établissements*

nous pouvons le constater sur notre territoire d'analyse, les bassins ne suivent aucunement le découpage établi par le conseil général. On constate l'importance énorme de Vannes en terme d'attraction ; il paraît évident que le découpage effectué par le Conseil Général ne repose sur aucune logique de bassin gérontologique. Le découpage de l'ARS nous semble le plus approprié. En effet, au vu des résultats rien ne justifie le schéma adopté par le conseil général. D'autres critères doivent entrer en compte, notamment politiques, dans ce choix du département. Le tableau 2i nous montre l'importance de Vannes dans le dispositif gérontologique.

**Tableau 2i : Poids démographique des communes par provenance et arrivée des résidents**

| CP DEPART | | | CP ARRIVEE | | |
|---|---|---|---|---|---|
| Arradon | 83 | 3,88% | Arradon | 150 | 7,02% |
| Colpo | 49 | 2,29% | Colpo | 77 | 3,60% |
| Grand-Champ | 127 | 5,94% | Elven | 68 | 3,18% |
| Saint-Avé | 154 | 7,21% | Grand-Champ | 156 | 7,30% |
| Sarzeau | 81 | 3,79% | Saint-Avé | 239 | 11,18% |
| Séné | 176 | 8,24% | Sarzeau | 203 | 9,50% |
| Theix | 50 | 2,34% | Theix | 186 | 8,70% |
| Vannes | 681 | 31,87% | Vannes | 1037 | 48,53% |
| Autres | 736 | 34,44% | Autres | 21 | 0,98% |
| **Total** | **2137** | **100%** | **Total** | **2137** | **100%** |

*Source : résultat d'enquête terrain, 2012*

---

*concurrents ou complémentaires. Grâce au logiciel Mirabel (Méthode Informatique de Recherche et d'Analyse des bassins par Etude des Liaisons) développé par l'Insee pour déterminer des aires urbaines, il est possible d'effectuer une classification ascendante des communes (ou des codes postaux). A partir des flux « domicile-hôpital » des hospitalisés, le logiciel calcule un lien entre chaque unité spatiale ; les unités géographiques ayant les liens les plus forts sont ensuite agrégées et viennent constituer un bassin de santé hospitalier. Si la technique Mirabel existe depuis 1978 pour constituer des bassins d'emploi, son application pour définir des bassins d'hospitalisation est toute récente, les flux « domicile-hôpital » n'étant disponibles de manière exhaustive que depuis l'exercice 1999 de la base du PMSI. »*

## Section 2 : projection de lits à l'horizon 2042 et conséquences

Pour réaliser cette projection nous avons eu recours à la projection Omphale de l'Insee, afin de connaître l'évolution de la classe d'âge qui nous intéresse à savoir la population âgée de plus de 75 ans. La projection s'établit sur une le taux d'équipement en lits d'hébergement pour personnes âgées, qui présente l'avantage d'être compris et acceptés de tous car il sert de référence aux pouvoirs publics. Ce taux d'équipement combiné à la projection de population de l'Insee va nous permettre de faire un exercice de prospection et ainsi de déterminer les besoins en lits à l'horizon 2042 pour notre territoire, selon l'hypothèse « toutes choses étant égales par ailleurs »[74] (tableau 2.1).

*Projection par zone du territoire Vannetais*

**Tableau 2.1 : Projection des besoins en lits Ehpad et Usld par zone du territoire vannetais à l'horizon 2042**[75]

| Territoire 1 : zone urbaine | | | | | | | |
|---|---|---|---|---|---|---|---|
| EHPAD | 2012 | 2017 | 2022 | 2027 | 2032 | 2037 | 2042 |
| Population 75 ans et + | 6292 | 6824 | 7493 | 9161 | 10510 | 11701 | 12657 |
| Nombre de places supplémentaires nécessaires pour maintenir le taux d'équipement de 2012 | 662 places / taux de 105,21 | 56 | 126 | 302 | 444 | 569 | 670 |
| Capacité totale par année | | 718 | 788 | 964 | 1106 | 1231 | 1332 |

---

[74] MACE J-M. GUENNERY S. PICHERAL H. (Mars 2007), L'hébergement des personnes âgées en France, publié au CIRES (Centre international de Recherche en Economie de la Santé). Page 28-30.
[75] Ne concerne que les places d'hébergements permanents, pour les autres types de places (temporaire ou de jour voir chapitre 2, section 2 de ce mémoire).

| USLD | 2012 | 2017 | 2022 | 2027 | 2032 | 2037 | 2042 |
|---|---|---|---|---|---|---|---|
| Population 75 ans et + | 6292 | 6824 | 7493 | 9161 | 10510 | 11701 | 12657 |
| Nombre de places supplémentaires nécessaires pour maintenir le taux d'équipement de 2012 | 60 places / taux de 9,53 | 5 | 11 | 27 | 40 | 52 | 61 |
| Capacité totale par année | | 65 | 71 | 87 | 100 | 112 | 121 |
| **Territoire 2 : zone péri-urbaine** | | | | | | | |
| EHPAD | 2012 | 2017 | 2022 | 2027 | 2032 | 2037 | 2042 |
| Population 75 ans et + | 4972 | 6139 | 7448 | 9722 | 11653 | 13457 | 15035 |
| Nombre de places supplémentaires nécessaires pour maintenir le taux d'équipement de 2012 | 557 places / taux de 112,03 | 131 | 277 | 532 | 748 | 951 | 1127 |
| Capacité totale par année | | 688 | 834 | 1089 | 1305 | 1508 | 1684 |
| USLD | 2012 | 2017 | 2022 | 2027 | 2032 | 2037 | 2042 |
| Population 75 ans et + | 4972 | 6139 | 7448 | 9722 | 11653 | 13457 | 15035 |
| Nombre de places supplémentaires nécessaires pour maintenir le taux d'équipement de 2012 | 58 places / taux de 11,66 | 14 | 29 | 55 | 78 | 99 | 117 |
| Capacité totale par année | | 72 | 87 | 113 | 136 | 157 | 175 |
| **Territoire 3 : zone rurale** | | | | | | | |
| EHPAD | 2012 | 2017 | 2022 | 2027 | 2032 | 2037 | 2042 |
| Population 75 ans et + | 4451 | 4917 | 5799 | 7489 | 9074 | 10594 | 11894 |
| Nombre de places supplémentaires nécessaires pour maintenir le taux d'équipement de 2012 | 268 places / taux de 60,21 | 28 | 81 | 183 | 278 | 370 | 448 |
| Capacité totale par année | | 296 | 349 | 451 | 546 | 638 | 716 |

Cette première projection montre que pour maintenir le taux d'équipement actuel, la situation, comme nous l'avons vu concernant l'évolution de la population âgée en première partie, va s'accélérer après 2020. Le déficit en lits médicalisés (ehpad et usld) devenant particulièrement préoccupant concernant les zones rurales et péri-urbaines de notre territoire. En 2042 le déficit sera de 448 lits d'ehpad en zone rurale, et atteindra 1127 lits en péri-urbain. Soit une moyenne de création de 37 lits par an sur une période de 30 ans. Le graphique 2.1 qui suit présente la projection pour l'ensemble du territoire Vannetais à l'horizon 2042,

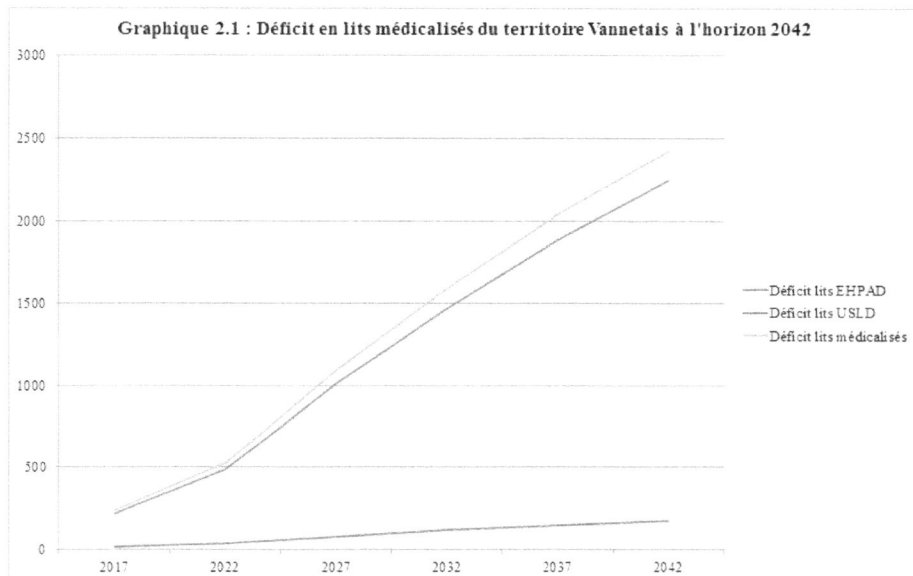

Graphique 2.1 : Déficit en lits médicalisés du territoire Vannetais à l'horizon 2042

*Sources : projection Omphale 2012*

On remarque bien l'accélération des besoins après 2020. En revanche la situation en Usld paraît beaucoup plus maîtrisable, car le territoire présente l'avantage d'avoir un taux d'équipement supérieur à la moyenne nationale, ce qui limite les besoins. Mais avec l'augmentation de la population âgée et donc de son corollaire la dépendance et les poly-pathologies évolutives ou à haut risque de décompensation, les usld risquent d'être impactés par une demande très forte des personnes présentant des dépendance lourdes, dépendance (évolution) que notre projection ne peut calculer.

*Projection par sexe*

Les besoins s'adaptent aussi à la catégorie par sexe de la population. En effet ceux-ci sont plus importants pour les femmes, population la plus représentée dans les établissements sanitaires et médico-sociaux. Le tableau 2.2 montre ces besoins par sexe,

**Tableau 2.2 : Projection par sexe des besoins en lits médicalisés du territoire Vannetais à l'horizon 2042**[76]

| Hommes | 2012 | 2017 | 2022 | 2027 | 2032 | 2037 | 2042 |
|---|---|---|---|---|---|---|---|
| Population 75 ans et + | 15715 | 17880 | 20740 | 26372 | 31237 | 35752 | 39586 |
| Nombre de places supplémentaires nécessaires pour maintenir le taux d'équipement de 2012 | 509 places / taux de 32,39 | 70 | 163 | 345 | 503 | 649 | 773 |
| Capacité totale par année | | 579 | 672 | 854 | 1012 | 1158 | 1282 |
| **Femmes** | 2012 | 2017 | 2022 | 2027 | 2032 | 2037 | 2042 |
| Population 75 ans et + | 15715 | 17880 | 20740 | 26372 | 31237 | 35752 | 39586 |
| Nombre de places supplémentaires nécessaires pour maintenir le taux d'équipement de 2012 | 1096 places / taux de 69,74 | 151 | 350 | 743 | 1082 | 1397 | 1665 |
| Capacité totale par année | | 1247 | 1446 | 1839 | 2178 | 2493 | 2761 |

*Source : projection Omphale 2012*

L'impact est particulièrement frappant chez les femmes puisque les besoins sont deux fois plus élevés. 1665 lits pour l'ensemble du territoire Vannetais en 2042 pour les femmes contre 773 pour les hommes sur la même période. Cette projection est d'autant plus importante que les soins pratiqués pour les femmes diffèrent des hommes (proportion plus importante de maladie d'Alzheimer par exemple, ainsi qu'une dépendance beaucoup plus lourde compte-tenu de la population deux fois plus importante de celles-ci en institution).

---

[76] Le calcul s'établit sur les places en hébergement permanent, les accueils de jour ou autres hébergement temporaire sont donc exclus de la projection.

**Graphique 2.2 : Déficit en lits médicalisés par sexe du territoire Vannetais à l'horizon 2042**

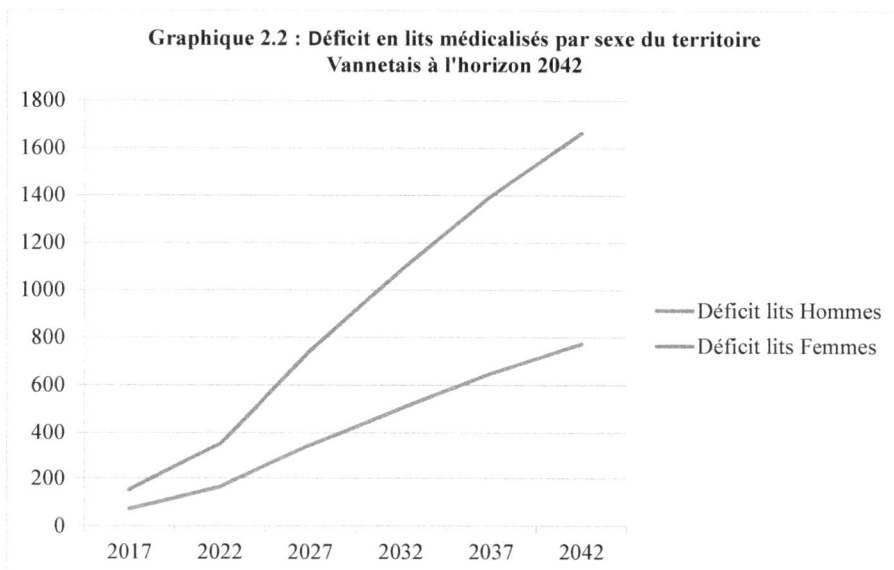

— Déficit lits Hommes
— Déficit lits Femmes

*Source : projection Omphale 2012*

Le graphique 2.2 est bien plus explicite en terme de projection, il montre bien l'évolution deux fois plus importante des besoins en lits médicalisés à l'horizon 2042.

*Projection par tranche d'âge*

Particulièrement intéressante cette projection permet d'écarter les personnes âgées de moins de 75 ans de notre étude et ainsi de valoriser le grand âge (ciblage qui permet un lien plus évident avec le degré de dépendance.

**Tableau 2.3 : Projection par tranche d'âge et par sexe des besoins en lits médicalisés du territoire Vannetais**

| **Hommes** | | 2012 | 2017 | 2022 | 2027 | 2032 | 2037 | 2042 |
|---|---|---|---|---|---|---|---|---|
| Tranche d'âge | Population de plus de 75 ans | 15715 | 17880 | 20740 | 26372 | 31237 | 35752 | 39586 |
| (-) de 75 ans | Nombre de places supplémentaires nécessaires pour maintenir le taux d'équipement de 2012 | 83 places / taux de 5,28‰ | 11 | 27 | 56 | 82 | 106 | 126 |
| | Capacité totale par année | | 94 | 110 | 139 | 165 | 189 | 209 |
| (+) de 75 ans | Nombre de places supplémentaires nécessaires pour maintenir le taux d'équipement de 2012 | 215 places / taux de 13,68‰ | 30 | 69 | 146 | 212 | 274 | 327 |
| | Capacité totale par année | | 245 | 284 | 361 | 427 | 489 | 542 |
| (+) de 80 ans | Nombre de places supplémentaires nécessaires pour maintenir le taux d'équipement de 2012 | 211 places / taux de 13,43‰ | 29 | 67 | 143 | 208 | 269 | 321 |
| | Capacité totale par année | | 240 | 278 | 354 | 419 | 480 | 532 |
| **Femmes** | | 2012 | 2017 | 2022 | 2027 | 2032 | 2037 | 2042 |
| Tranche d'âge | Population de plus de 75 ans | 15715 | 17880 | 20740 | 26372 | 31237 | 35752 | 39586 |
| (-) de 75 ans | Nombre de places supplémentaires nécessaires pour maintenir le taux d'équipement de 2012 | 110 places / taux de 7‰ | 15 | 35 | 75 | 109 | 140 | 167 |
| | Capacité totale par année | | 125 | 145 | 185 | 219 | 250 | 277 |
| (+) de 75 ans | Nombre de places supplémentaires nécessaires pour maintenir le taux d'équipement de 2012 | 384 places / taux de 24,44‰ | 53 | 123 | 260 | 379 | 490 | 583 |
| | Capacité totale par année | | 437 | 507 | 644 | 763 | 874 | 967 |
| (+) de 80 ans | Nombre de places supplémentaires nécessaires pour maintenir le taux d'équipement de 2012 | 602 places / taux de 38,30‰ | 83 | 192 | 408 | 595 | 768 | 914 |
| | Capacité totale par année | | 685 | 794 | 1010 | 1197 | 1370 | 1516 |

L'intérêt réside aussi dans la répartition par sexe. On remarque rapidement que les personnes de la tranche des plus de 80 ans chez les femmes est trois fois plus importante. Ce qui valide les projections obtenues par sexe.

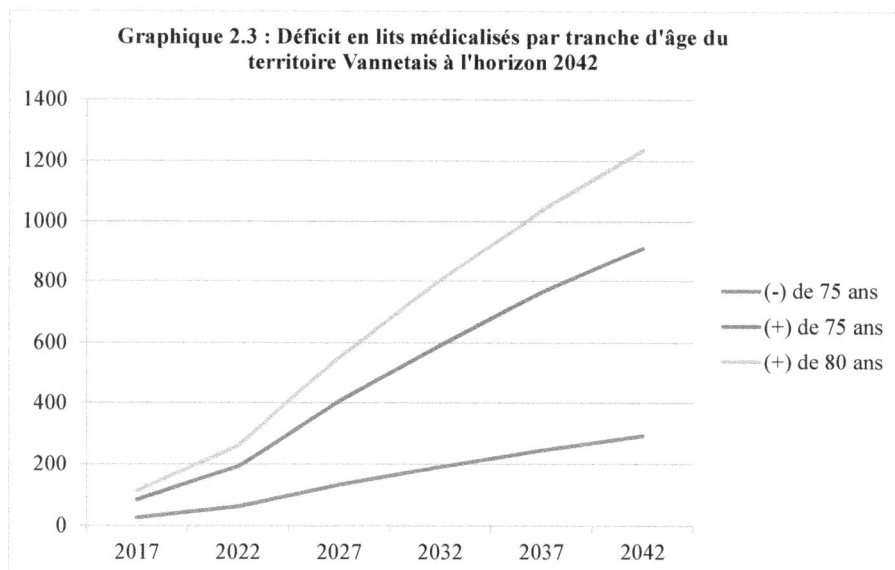

**Graphique 2.3 : Déficit en lits médicalisés par tranche d'âge du territoire Vannetais à l'horizon 2042**

*Source : projection Omphale 2012*

Le vieillissement de la population se fait nettement sentir sur le graphique 2.3, la tranche d'âge la plus touchée est évidemment celle des plus de 80 ans avec une progression continue sur la période. Donc nous avons non seulement une population qui vieillit mais qui augmente aussi ses effectifs pour les tranches les plus élevées, impactant non seulement le nombre de lits mais aussi le niveau de dépendance.

*Projection par niveau de Gir*

Certainement l'indicateur le plus pertinent que nous avons pu recueillir car il permet de faire une projection par niveau de dépendance. Projection qui permet donc de voir l'évolution des besoins en fonction de la dépendance. Les données recueillies pourront permettre de mieux cibler les types d'établissements à envisager dans un futur proche, ainsi que le type de personnel et le nombre associé connaissant les charges induites en ETP[77] par GIR.

Tableau 2.4 : Projection par niveau de Gir du territoire Vannetais à l'horizon 2042[78]

| Année | | 2012 | 2017 | 2022 | 2027 | 2032 | 2037 | 2042 |
|---|---|---|---|---|---|---|---|---|
| Grille AGGIR | Effectifs | 15715 | 17880 | 20740 | 26372 | 31237 | 35752 | 39586 |
| gir 1 | Nombre de places supplémentaires nécessaires pour maintenir le taux d'équipement de 2012 | 346 places / taux de 22,02 | 48 | 111 | 235 | 342 | 441 | 526 |
| | Capacité totale par année | | 394 | 457 | 581 | 688 | 787 | 872 |
| gir 2 | Nombre de places supplémentaires nécessaires pour maintenir le taux d'équipement de 2012 | 535 places / taux de 34,04 | 74 | 171 | 363 | 528 | 682 | 813 |
| | Capacité totale par année | | 609 | 706 | 898 | 1063 | 1217 | 1348 |
| gir 3 | Nombre de places supplémentaires nécessaires pour maintenir le taux d'équipement de 2012 | 265 places / taux de 16,86 | 37 | 85 | 180 | 262 | 338 | 403 |
| | Capacité totale par année | | 302 | 350 | 445 | 527 | 603 | 668 |
| gir 4 | Nombre de places supplémentaires nécessaires pour maintenir le taux d'équipement de 2012 | 302 places / taux de 19,21 | 42 | 97 | 205 | 298 | 385 | 459 |
| | Capacité totale par année | | 344 | 399 | 507 | 600 | 687 | 761 |
| gir 5 | Nombre de places supplémentaires nécessaires pour maintenir le taux d'équipement de 2012 | 94 places / taux de 5,98 | 13 | 30 | 64 | 93 | 120 | 143 |
| | Capacité totale par année | | 107 | 124 | 158 | 187 | 214 | 237 |
| gir 6 | Nombre de places supplémentaires nécessaires pour maintenir le taux d'équipement de 2012 | 110 places / taux de 7 | 15 | 35 | 75 | 109 | 140 | 167 |
| | Capacité totale par année | | 125 | 145 | 185 | 219 | 250 | 277 |

[77] ETP : Equivalent Temps Plein.
[78] La projection tient compte des lits d'hébergements temporaires et de l'accueil de jour.

Les projections sont édifiantes concernant la dépendance (Gir 1 à 4), qui représente près de 80% des résidents. Mais le Gir le plus représenté est celui du Gir 1-2 : la projection obtenue pour cette

**Graphique 2.4 : Déficit de lits médicalisés par Gir du territoire Vannetais à l'horizon 2042**

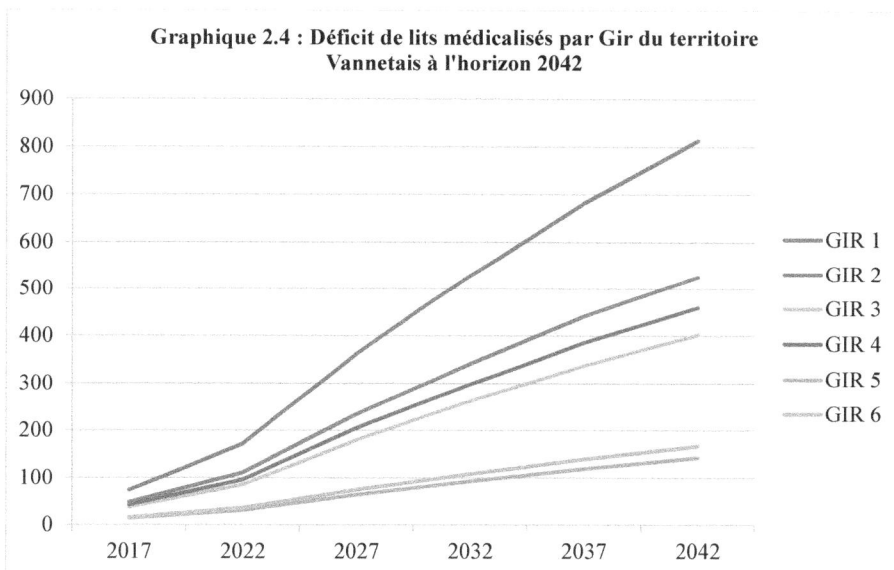

*Source : projection Omphale 2012*[79]

catégorie montre une accélération des besoins notamment sur le Gir 2, car avec des besoins supérieurs à 800 lits en 2042 sur ce Gir, la situation risque très rapidement de devenir problématique.

*Projection Autochtones/Allochtones*

Grâce aux données récoltées lors de notre enquête nous connaissons la population des résidents allochtones et autochtones du territoire gérontologique Vannetais mais aussi du Morbihan (cette projection a une utilité car ce n'est pas le territoire gérontologique qui gère la dotation aux établissements, mais le département représenté par le Conseil

---

[79] Les projections par Gir prennent en compte les places en hébergement temporaire et en accueil de jour, ce qui explique des besoins supérieurs à ceux identifiés dans les autres projections.

Général). Nous avons donc deux projections : l'une avec la répartition en lits entre les allochtones et autochtones du territoire gérontologique vannetais et l'autre avec la même répartition mais concernant le département du Morbihan (utile pour la récupération de l'APA par les établissements). Cette projection ne peut prendre en compte les évolutions de comportement des futurs résidents en établissement du territoire nous concernant. Elle sert avant tout à se faire une idée des lits médicalisés qui sont occupés par des personnes âgées

**Tableau 2.5 : Projection en lits médicalisés de la population autochtone/allochtone du territoire Vannetais à l'horizon 2042**

| Population Autochtone | 2012 | 2017 | 2022 | 2027 | 2032 | 2037 | 2042 |
|---|---|---|---|---|---|---|---|
| Population 75 ans et + | 15715 | 17880 | 20740 | 26372 | 31237 | 35752 | 39586 |
| Nombre de places supplémentaires nécessaires pour maintenir le taux d'équipement de 2012 | 1341 places / taux de 85,33‰ | 185 | 429 | 909 | 1324 | 1710 | 2037 |
| Capacité totale par année | | 1526 | 1770 | 2250 | 2665 | 3051 | 3378 |
| **Population Allochtone** | 2012 | 2017 | 2022 | 2027 | 2032 | 2037 | 2042 |
| Population 75 ans et + | 15715 | 17880 | 20740 | 26372 | 31237 | 35752 | 39586 |
| Nombre de places supplémentaires nécessaires pour maintenir le taux d'équipement de 2012 | 264 places / taux de 16,80‰ | 36 | 84 | 179 | 261 | 337 | 401 |
| Capacité totale par année | | 300 | 348 | 443 | 525 | 601 | 665 |
| **Projection en lits médicalisés de la population autochtone/allochtone du morbihan à l'horizon 2042** | | | | | | | |
| **Population Autochtone** | 2012 | 2017 | 2022 | 2027 | 2032 | 2037 | 2042 |
| Population 75 ans et + | 15715 | 17880 | 20740 | 26372 | 31237 | 35752 | 39586 |
| Nombre de places supplémentaires nécessaires pour maintenir le taux d'équipement de 2012 | 1474 places / taux de 93,82‰ | 204 | 472 | 1000 | 1457 | 1880 | 2240 |
| Capacité totale par année | | 1678 | 1946 | 2474 | 2931 | 3354 | 3714 |
| **Population Allochtone** | 2012 | 2017 | 2022 | 2027 | 2032 | 2037 | 2042 |
| Population 75 ans et + | 15715 | 17880 | 20740 | 26372 | 31237 | 35752 | 39586 |
| Nombre de places supplémentaires nécessaires pour maintenir le taux d'équipement de 2012 | 131 places / taux de 8,32‰ | 18 | 42 | 88 | 129 | 166 | 198 |
| Capacité totale par année | | 149 | 173 | 219 | 260 | 297 | 329 |

*Source : projection Omphale 2012*

extérieures soit au territoire vannetais soit au Morbihan. L'intérêt réside dans l'exploitation de ces données par les autorités que sont l'ARS et le Conseil Général. En effet, au vu de l'évolution du vieillissement de la population, cette étude de la provenance des résidents pourrait permettre de mettre en place des critères de résidence pour les futurs entrants, dans le but de maximiser l'offre pour la population locale et éviter de prendre en charge des résidents allochtones. Car cette population allochtone représente quand même près de 25% des futurs lits médicalisés du territoire Vannetais à l'horizon 2042, avec 401 lits supplémentaires à pourvoir d'ici 2042. En revanche la part hors Morbihan de cette population est de 10% soit 198 à pourvoir en 2042. Ceci prouve que le territoire gérontologique Vannetais comme vu précédemment a une aire d'attraction bien ancrée dans le département et dépasse largement son bassin d'accueil.

*Limite de la méthode*

Cette méthode a l'avantage d'être comprise et utilisée par les pouvoirs publics, mais elle reste approximative, car ces taux d'équipements qui nous servent de base de projection se fondent sur la structure d'âge de la population totale et non sur celle de la population réellement hébergée qui occupe les lits. Ensuite faute de temps et d'intérêt pour les directeurs d'établissements qui ne comprenaient pas une démarche universitaire en dehors du cadre de l'ARS, nous n'avons pas pu établir la durée moyenne de séjour des personnes hébergées. Pour une projection optimale il aurait fallu recenser cinq types de données sur les résidents :

1. Le sexe
2. La date de naissance
3. Le domicile de résidence avant l'hébergement
4. La date d'entrée dans l'institution
5. La date de sortie de l'institution

Nous n'avons seulement pu récolter que deux de ces données (le sexe et le domicile de provenance). Pour que cette étude ait un sens et soit vraiment représentative, il est nécessaire de recueillir de manière la plus exhaustive possible, les différentes informations demandées. Cette enquête a déjà été menée par des universitaires[80] , elle demandait 3 à 5 journée de la part des établissements pour la recherche d'information. Ne disposant ni de temps ni d'appui de l'ARS ou du Conseil Général, nous n'avons pas pu produire ces informations et ainsi obtenir les projections les plus réalistes possibles.

---

[80] MACE J-M. GUENNERY S. PICHERAL H. (Mars 2007), L'hébergement des personnes âgées en France, publié au CIRES (Centre international de Recherche en Economie de la Santé).

# Chapitre 2 : Impact économique et aménagement de l'offre

## Partie 1 : Le vieillissement, une chance pour le territoire ?

### Section 1 : Evolution du budget du secteur sanitaire et médico-social

Le financement des Ehpad est lié par une convention tripartite signé entre l'établissement, le Conseil Général et l'ARS[81]. Cette convention établit une tarification des prestations en trois catégories :

### 1. Le tarif hébergement

Le tarif hébergement recouvre l'intégralité des prestations d'administration générale, d'hôtellerie, de restauration, d'entretien et d'animation. Il n'est pas lié à l'état de dépendance de la personne âgée et est donc identique pour tous les résidents d'un même établissement bénéficiant d'un même niveau de confort.

### 2. Le tarif dépendance

Le tarif dépendance recouvre l'intégralité des prestations d'aide et de surveillance nécessaires à l'accomplissement des actes de la vie courante. Il est évalué (par un médecin) en fonction du degré de dépendance de la personne âgée (Grille AGGIR). Ainsi, plus le résident est dépendant, plus le coût est élevé.

### 3. Le tarif soins

Le tarif soins recouvre l'intégralité des dépenses de fonctionnement de l'établissement relatives aux charges du personnel. Il est directement versé à l'établissement par l'Assurance maladie, le résident n'a donc rien à payer, à l'exception des consultations

---

[81] Convention obligatoire depuis la loi n° 2002-2 du 2 janvier 2002 du code de l'action sociale et des familles rénovant l'action sociale et médico-sociale. De plus depuis la création en Avril 2010 des agences régionales de santé, les ARS remplacent la DDASS dans la signature de la convention tripartite.

de médecins généralistes ou spécialistes de ville qui ne sont pas incluses dans ce tarif et sont donc à sa charge. Les règles de remboursement sont alors les mêmes que s'il vivait à son domicile.

En cas de ressources insuffisantes et lorsque les descendants de la personne âgée, ne peuvent contribuer au financement des dépenses du résident, les frais peuvent, selon les cas, être compensés en partie par :

1. l'allocation de logement sociale (ALS) ou l'aide personnalisée au logement (APL), pour le tarif hébergement
2. l'aide personnalisée d'autonomie (APA), pour le tarif dépendance. Ces aides sont attribuées par le Conseil Général.[82]

Il est à noter que le département peut bénéficier de la solidarité nationale pour la prise en charge d'une partie de l'APA par le biais de la CNSA[83], qui contribue à alléger la charge sociale des départements[84]. Cette contribution tend à diminuer au fil des années à cause de la crise économique en France qui limite la taxation des actifs, comme nous le montre le tableau 3.1 sur la période 2002 à 2009. La contribution de la CNSA s'est de plus en plus réduite au profit du département, ce qui fait du Conseil Général le principal contributeur du financement des Ehpad.

Tableau 3.1 : Contribution de la CNSA dans le Morbihan

| APA | 2002 | 2003 | 2004 | 2005 | 2006 | 2007 | 2008 | 2009 | Total période |
|---|---|---|---|---|---|---|---|---|---|
| Dépenses | 29 398 325€ | 43 427 834€ | 47 086 004€ | 49 795 220€ | 52 576 676€ | 54 589 663€ | 58 441 531€ | 61 617 674€ | 396 932 927€ |
| Concours de la CNSA | 8 471 832€ | 20 529 341€ | 17 175 883€ | 18 772 354€ | 17 780 765€ | 18 921 721€ | 21 094 484€ | 20 955 741€ | 143 702 120€ |

[82] Pour le détail des aides en Ehpad voir le site du service public, organe officiel de l'administration française à l'adresse suivante : http://vosdroits.service-public.fr/F763.xhtml#N100F7.
[83] CNSA : Caisse Nationale de Solidarité pour l'Autonomie.
[84] Deux ressources fiscales, gérées par la caisse nationale de solidarité pour l'autonomie (CNSA), ont été spécifiquement affectées par la loi n° 2004-626 du 30 juin 2004 relative à la solidarité pour l'autonomie des personnes âgées et des personnes handicapées au financement de la prise en charge de toute perte d'autonomie :
• la contribution solidarité autonomie (CSA),
• et une fraction de 0,1 % de la contribution sociale généralisée (CSG) perçue sur les revenus d'activité.

| Progression de la part départementale | 9,42% | 30,62% | 3,72% | 12,16% | 2,51% | 4,71% | 8,88% | 94,31% |
|---|---|---|---|---|---|---|---|---|

Cette base tarifaire nous permet de connaître les différents budgets alloués pour chaque section, son évolution sur plusieurs années et de calculer la charge des dépenses imputables à chaque partie de la convention.

*Le budget du Morbihan*

Le département prend en charge une partie de l'hébergement par le biais de l'aide sociale lorsque les établissements sont habilités à la percevoir (pour notre territoire vannetais sur 21 établissements seulement 13 bénéficient de ce statut ; 7 établissements étant privés à but commercial ne peuvent la recevoir et 1 établissement à but non lucratif a refusé l'agrément).

**Tableau 3.2 : Evolution du financement hébergement et dépendance du Morbihan pour les établissements sanitaires et médico-sociaux**

| EHPAD - USLD | 2009 | 2010 | 2011 | 2012 | Evolution sur la période (%) |
|---|---|---|---|---|---|
| Budget hébergement | 115 672 156 € | 121 964 275 € | 128 564 583 € | 134 406 338 € | 13,94 |
| Budget dépendance | 45 470 218 € | 47 678 179 € | 50 557 456 € | 52 698 784 € | 13,72 |
| Dotation globale | 29 236 894 € | 30 681 667 € | 32 921 481 € | 34 439 137 € | 15,11 |
| Talon modérateur | 16 233 324 € | 16 996 512 € | 17 635 975 € | 18 259 648 € | 11,10 |

Le tableau 3.2 nous présente la charge pour le département des dépenses d'hébergement et de dépendance sur la période 2009-2012. Le premier constat est l'inflation des budgets sur la période. En effet, avec une évolution de plus de 13% pour les deux sections, le département voit ses frais de fonctionnement pour les établissements sanitaires et médico-sociaux s'envoler. L'évolution moyenne est de +5% par année d'exercice. Ces chiffres nous permettent de calculer l'évolution de ces budgets sur la période d'étude. En prenant en compte l'évolution moyenne de la période 2009-2012 (5%), nous pouvons calculer la charge qui sera sur le département à l'horizon 2042. A noter qu'il ne s'agit de faire ici qu'une estimation de budget. Il n'est pas tenu compte dans nos prévisions des changements externes qui peuvent se produire sur la période, ce n'est donc qu'une évolution moyenne prévisionnelle.

**Tableau 3.3 : Projection des budgets hébergement et dépendance à l'horizon 2042 dans le Morbihan**

| EHPAD - USLD | 2012 | 2017 | 2022 | 2027 | 2032 | 2037 | 2042 |
|---|---|---|---|---|---|---|---|
| Budget hébergement | 134 406 338 € | 171 540 331 € | 218 933 762 € | 279 421 124 € | 356 620 028 € | 455 147 567 € | 580 896 448 € |
| Budget dépendance | 52 698 784 € | 67 258 486 € | 85 840 766 € | 109 556 987 € | 139 825 563 € | 178 456 788 € | 227 761 108 € |
| Dotation globale | 34 439 137 € | 43 954 036 € | 56 097 725 € | 71 596 492 € | 91 377 283 € | 116 623 142 € | 148 843 966 € |
| Talon modérateur | 18 259 648 € | 23 304 452 € | 29 743 043 € | 37 960 497 € | 48 448 282 € | 61 833 649 € | 78 917 146 € |

*Source : conseil général du Morbihan, 2012*

Le premier constat est l'ampleur de la charge qui va peser sur les départements en 2042, avec une évolution de +77% pour la partie dépendance entre 2012 et 2042. Même s'il ne s'agit ici que d'estimations, on ne peut que constater l'ampleur du budget à prévoir pour les années à venir. En 2042 la charge du département dépassera les 800 millions d'euros pour le financement des établissements sanitaires et médico-sociaux (graphique 3.1). On peut légitimement penser que le vieillissement de la population est donc une charge considérable pour les pouvoirs publiques et par extension pour le contribuable. Nous reviendrons en section 2 sur ces affirmations.

**Graphique 3.1 : Evolution du budget hébergement et dépendance du Morbihan à l'horizon 2042**

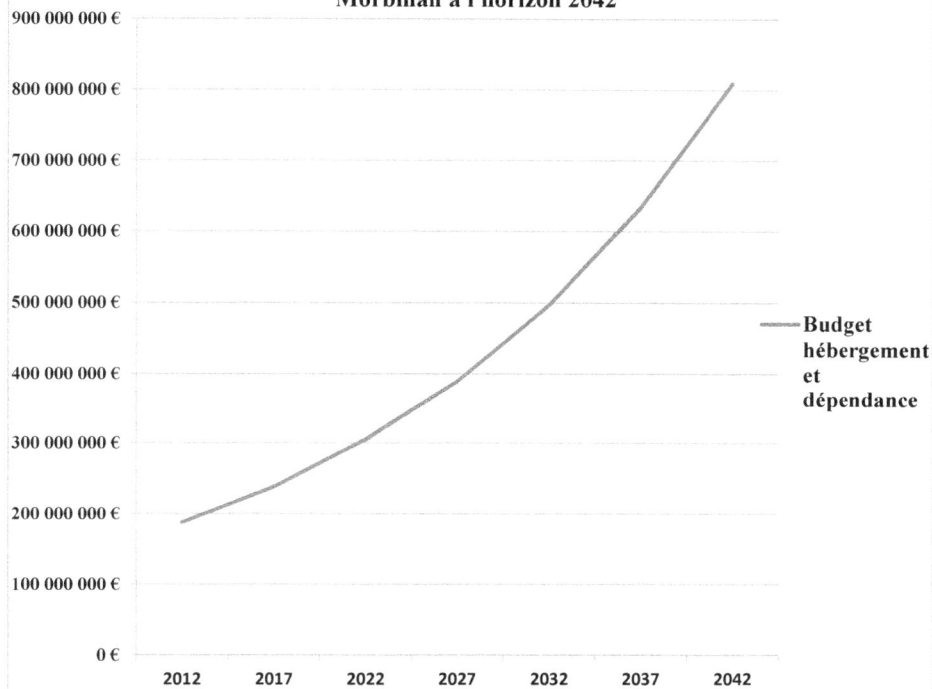

*Source : conseil général du Morbihan, 2012*

## Coût moyen à la place

Le meilleur indicateur pour connaître la répartition de la charge est de le réduire, de la même façon qu'un exercice de contrôle de gestion[85], a sa part la plus pertinente. Nous avons choisi le coût à la place. Cela permet de réaliser des projections beaucoup plus pertinentes et aussi tenir compte de tous les intervenants dans le financement des Ehpad.

---

[85] On parlera ici de la conception d'un tableau de bord en gestion : c'est un échantillon réduit d'indicateurs permettant à un gestionnaire de suivre l'évolution des résultats, les écarts par rapport à des valeurs de référence (objectifs fixés, normes internes ou externes, références statistiques), le plus possible en temps réel, en se concentrant sur ceux qu'il considère comme les plus significatifs.

**Tableau 3.4 : Evolution du coût moyen à la place du Morbihan entre 2009 et 2012[86]**

| Coûts moyens à la place | 2009 | 2010 | 2011 | 2012 | Coût dans le territoire Vannetais[87] |
|---|---|---|---|---|---|
| Hébergement | 16 534 € | 16 569 € | 17 241 € | 17 746 € | 20 159 456 €[88] |
| Dépendance | 5 600 € | 5 838 € | 6 119 € | 6 289 € | 10 093 845 € |
| Part du ticket modérateur | 1 999 € | 2 081 € | 2 134 € | 2 179 € | 3 497 295 € |
| Part de la dotation globale | 3 601 € | 3 757 € | 3 984 € | 4 110 € | 6 596 550 € |
| Soins[89] | 12 277 € | 12 439 € | 13 670 € | 13 433 € | 21 559 965 € |
| Total | 34 411 € | 34 845 € | 37 030 € | 37 468 € | 51 813 266 € |

*Source : conseil général du Morbihan 2012*

L'évolution du coût moyen à la place sur la période 2009-2012 montre une constante augmentation (tableau 3.4) passant de 34 411€ en 2009 à 37 468€ en 2012 soit une variation de 8%. Ceci est en partie du au budget soins qui voit la prestation à la place augmenter de 8.6%. On peut donc faire la corrélation entre les dépenses de soins et l'augmentation de la prise en charge de la dépendance. L'évolution du coût à la place s'établit à 2% environ par année sur la période. Nous allons pouvoir calculer le coût moyen à la place sur la période 2012-2042 afin d'établir un prévisionnel nous servant de base pour connaître le budget à l'horizon 2042 par place, compte-tenu des besoins étudiés dans le premier chapître de ce mémoire.

**Tableau 3.5 : Projection de l'évolution des coûts moyens à la place du Morbihan à l'horizon 2042**

| Coûts moyens à la place | 2012 | 2017 | 2022 | 2027 | 2032 | 2037 | 2042 |
|---|---|---|---|---|---|---|---|
| Hébergement[90] | 17 746 € | 19 593 € | 21 632 € | 23 884 € | 26 370 € | 29 114 € | 32 144 € |
| Dépendance | 6 289 € | 6 944 € | 7 666 € | 8 464 € | 9 345 € | 10 318 € | 11 392 € |
| Part du ticket modérateur | 2 179 € | 2 406 € | 2 656 € | 2 933 € | 3 238 € | 3 575 € | 3 947 € |
| Part de la dotation globale | 4 110 € | 4 538 € | 5 010 € | 5 532 € | 6 107 € | 6 743 € | 7 445 € |
| Soins | 13 433 € | 14 831 € | 16 375 € | 18 079 € | 19 961 € | 22 038 € | 24 332 € |
| Total | 37 468 € | 41 368 € | 45 673 € | 50 427 € | 55 675 € | 61 470 € | 67 868 € |

[86] Le calcul par le Conseil Général ne tient compte que des établissements habilités à l'aide sociale.
[87] Mode de calcul : coût moyen du département multiplié par le nombre de places de notre territoire d'analyse.
[88] Pour la part hébergement de notre territoire ne sont compris que les établissements habilités à l'aide sociale soit 1175 places.
[89] Le coût à la place "soins" est calculé sur la base d'une évaluation indiquée par les établissements, le budget validé par l'ARS n'étant pas connu.
[90] Ibid.

On assiste, en regardant les projections du tableau 3.5, à une augmentation très importante du coût à la place entre 2012 et 2042. Cette évolution calculée sur une moyenne de 2% par année montre la charge que va représenter un résident d'ici 30 ans. On passe d'un coût global de 37 468€ en 2012 à 67 868€ en 2042, ce qui représente une évolution de près de 45%.

**Graphique 3.2 : Evolution du Coût moyen à la place à l'horizon 2042 dans le territoire Vannetais**

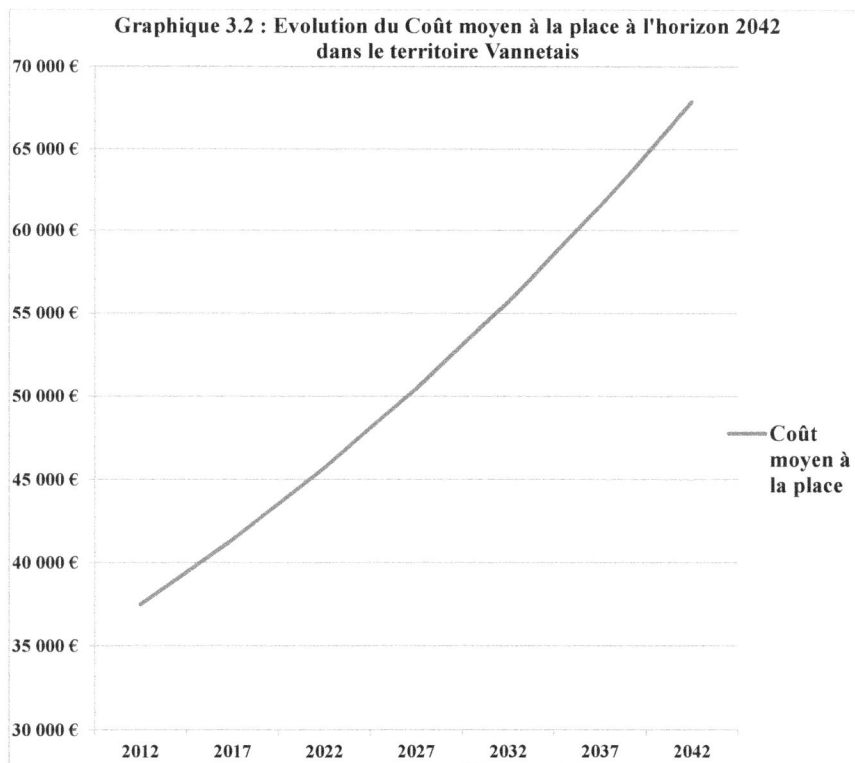

*Source : conseil général du Morbihan, 2012*

Grâce à ce premier travail nous allons pouvoir estimer le budget correspondant à la projection en places supplémentaires calculée pour notre territoire Vannetais (cf : premier chapitre), et ainsi établir un budget prévisionnel complet jusqu'en 2042. Pour ce faire nous avons besoin de connaître le nombre de places habilitées à l'aide sociale, car cela va permettre d'établir le budget pour la part hébergement en excluant les 8 établissements identifiés qui n'ont pas l'accréditation aide sociale. Pour le reste des calculs, que ce soit pour la part dépendance ou soins, l'habilitation n'entre pas dans la projection car elle ne tient pas compte d'une accréditation pour un établissement mais simplement du niveau de ressource du résident pour la part dépendance[91]. Les chiffres obtenus dans notre estimation (tableau 3.6), montrent l'ensemble des charges imputables sur une place en

**Tableau 3.6 : Projection des coûts moyen à la place sur la projection en lits médicalisés à l'horizon 2042 dans le territoire vannetais**

| | 2012 | 2017 | 2022 | 2027 | 2032 | 2037 | 2042 |
|---|---|---|---|---|---|---|---|
| Besoins en lits médicalisés | 1605 | 1839 | 2129 | 2704 | 3193 | 3646 | 4028 |
| Dont places habilitées HAS | 1136 | 1293 | 1499 | 1906 | 2258 | 2584 | 2862 |
| Hébergement Ehpad HAS | 17 746,00 € | 19 593,02 € | 21 632,27 € | 23 883,78 € | 26 369,62 € | 29 114,19 € | 32 144,42 € |
| Dépendance | 6 289 € | 6 944 € | 7 666 € | 8 464 € | 9 345 € | 10 318 € | 11 392 € |
| Part du ticket modérateur | 2 179 € | 2 406 € | 2 656 € | 2 933 € | 3 238 € | 3 575 € | 3 947 € |
| Part de la dotation globale | 4 110 € | 4 538 € | 5 010 € | 5 532 € | 6 107 € | 6 743 € | 7 445 € |
| Soins[92] | 13 433 € | 14 831 € | 16 375 € | 18 079 € | 19 961 € | 22 038 € | 24 332 € |
| Total | 37 468 € | 41 368 € | 45 673 € | 50 427 € | 55 675 € | 61 470 € | 67 868 € |

| | 2012 | 2017 | 2022 | 2027 | 2032 | 2037 | 2042 |
|---|---|---|---|---|---|---|---|
| Besoins en lits médicalisés | 1605 | 1839 | 2129 | 2704 | 3193 | 3646 | 4028 |
| Dont places habilitées HAS | 1136 | 1293 | 1499 | 1906 | 2258 | 2584 | 2862 |
| Hébergement Ehpad HAS | 20 159 456 € | 25 324 029 € | 32 432 087 € | 45 531 302 € | 59 543 886 € | 75 243 512 € | 91 983 768 € |
| Dépendance | 10 093 845 € | 12 769 580 € | 16 322 668 € | 22 886 366 € | 29 842 207 € | 37 617 198 € | 45 887 147 € |
| Part du ticket modérateur | 3 497 295 € | 4 424 378 € | 5 655 445 € | 7 929 622 € | 10 339 668 € | 13 033 531 € | 15 898 886 € |
| Part de la dotation globale | 6 596 550 € | 8 345 201 € | 10 667 223 € | 14 956 744 € | 19 502 540 € | 24 583 667 € | 29 988 261 € |
| Soins[93] | 21 559 965 € | 27 275 205 € | 34 864 431 € | 48 884 171 € | 63 741 512 € | 80 348 516 € | 98 012 729 € |
| Total | 51 813 266 € | 65 368 813 € | 83 619 186 € | 117 301 839 € | 153 127 606 € | 193 209 226 € | 235 883 644,0 € |

*Source : conseil général du Morbihan, 2012*

---

[91] N'ayant pas les chiffres des montants APA redistribués sous conditions de ressources du territoire Vannetais nous avons appliqué la section dépendance à l'ensemble des lits.
[92] Le coût à la place "soins" est calculé sur la base d'une évaluation indiquée par les établissements, le budget validé par l'ARS n'étant pas connu.
[93] *Ibid.*

établissement qu'il soit habilité à l'aide sociale ou non. Le constat est frappant sur le caractère exponentiel des dépenses à venir. Le coût moyen à la place passe de 51 813 266€ en 2012 à un chiffre global de 235 883 644€ soit une évolution de 78%. Cette évolution du coût à la place est un très bon indicateur de gestion pour les pouvoirs publics car il rationnalise sur un dénominateur commun tous les coûts engendrés pour la prise en charge complète d'un résident. Quand on observe la tendance et l'évolution des coûts on peut aisément conclure que le financement des établissements sanitaires et médico-sociaux va devenir un problème majeur pour les autorités de tutelle dans un futur proche. Evidemment cette projection ne tient pas compte des politiques futures qui seront envisagées mais elle dresse le portrait d'une situation qui risque rapidement de devenir problématique (graphique 3.3).

Graphique 3.3 : Evolution des coûts moyens à la place sur les besoins en lits médicalisés du territoire Vannetais à l'horizon 2042

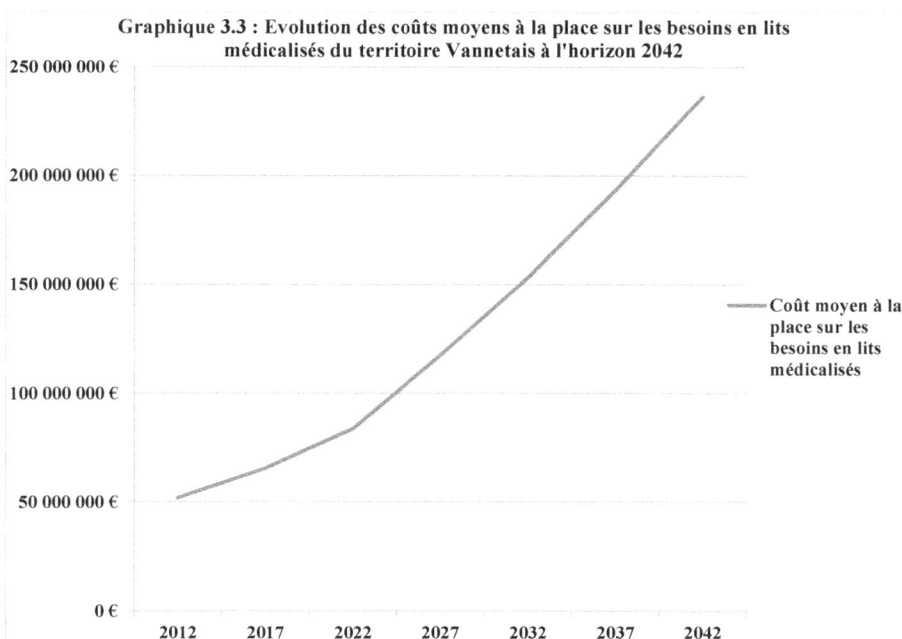

Source : conseil général du Morbihan, 2012

Il faut aussi déduire la part prise en charge par le résident. Celui-ci finance la partie hébergement ainsi que le ticket modérateur du forfait dépendance

Tableau 3.7 : Projection des coûts à la charge du résident du territoire Vannetais à l'horizon 2042

| | 2012 | 2017 | 2022 | 2027 | 2032 | 2037 | 2042 |
|---|---|---|---|---|---|---|---|
| Hébergement Ehpad | 20 159 456 € | 25 324 029 € | 32 432 087 € | 45 531 302 € | 59 543 886 € | 75 243 512 € | 91 983 768 € |
| Part du ticket modérateur | 3 497 295 € | 4 424 378 € | 5 655 445 € | 7 929 622 € | 10 339 668 € | 13 033 531 € | 15 898 886 € |
| Total à la charge du résident | 23 656 751 € | 29 748 407 € | 38 087 532 € | 53 460 923 € | 69 883 554 € | 88 277 043 € | 107 882 654 € |

*Source : conseil général du Morbihan, 2012*

Comme on peut le voir sur le tableau 3.7 le reste à charge pour le résident est élevé car il finance lui-même près de 54% du coût total (graphique 3.4). L'inflation de la charge dùe par le résident ne cessant de croître, la question sera de savoir si le niveau des retraites des futurs pensionnaires en établissement pourra compenser cette inflation. Le risque encouru sera alors de faire peser la différence entre les revenus et le forfait à charge du résident par le Conseil Général. Situation qui risque de peser lourd dans les finances publiques à l'horizon 2042.

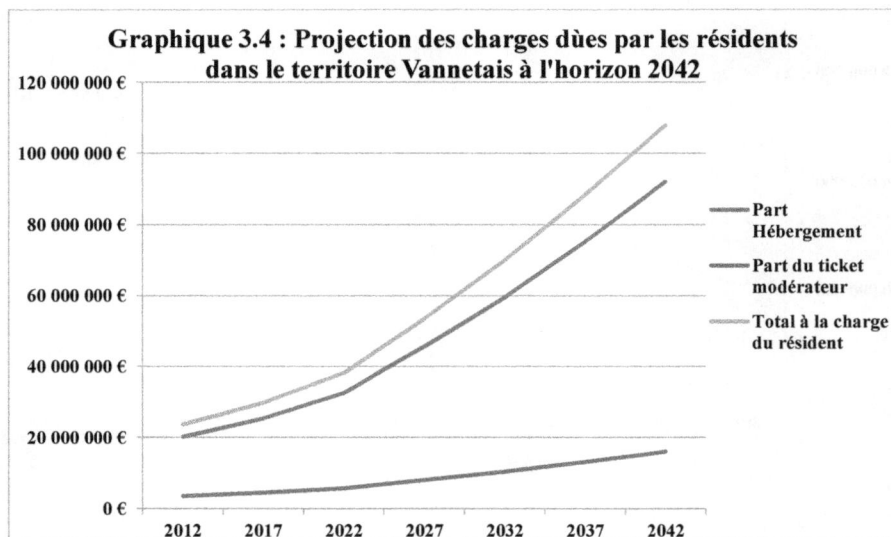

Graphique 3.4 : Projection des charges dùes par les résidents dans le territoire Vannetais à l'horizon 2042

*Source : conseil général du Morbihan, 2012*

Pour autant, voir le vieillissement de la population comme seulement une charge est réducteur. D'une part, cela fait partie de la solidarité nationale que de prendre en charge les personnes âgées et donc de voir cette population non pas comme un coût financier mais comme une chance pour le territoire. Ceci en étudiant la redistribution créée notamment par les emplois générés par cette prise en charge.

## Section 2 : Analyse de la redistribution des dépenses de santé pour les personnes âgées dans le territoire

*Les principes de la redistribution*

L'idée préconçue en France vient sur la non connaissance des mécanismes de redistribution des richesses dans les territoires. En effet, beaucoup pensent qu'une région comme l'Ile de France bénéficie de plus de richesses que les autres et qu'elle a un effet aspirant de revenus. Cela est vrai car l'Ile de France par son dynamisme économique affiche une position dominante. Mais ce serait aller un peu vite dans la conslusion que de dire qu'elle s'accapare toute les richesses. Ce serait oublier l'effet de redistribution opéré par les pouvoirs publics.[94] Les dépenses publiques représentaient (selon l'OCDE) 28% du PIB[95] en France en 1950 contre 55.4% en 2003. La conséquence d'une telle part dans le PIB, montre que c'est un facteur puissant de redistribution. Cette redistribution va transférer du revenu dans les ménages, et par extension dans les territoires. Beaucoup voient le PIB par habitant comme la seule mesure de la richesse d'un territoire (ex : région ou département voire ville). Or ce calcul, bien que pertinent à l'échelle nationale, oublie cet effet

---

[94] DAVEZIES L. (2008), *La république et ses territoires : la circulation invisible des richesses*, Le seuil, cité page 15 : « *Une des raisons du décalage entre richesse créée et richesse disponible dans un territoire tient à l'existence de puissants mécanismes de redistribution du revenu liés aux prélèvements, aux dépenses publiques et aux transferts sociaux.* ».
[95] PIB : Produit Intérieur Brut : il vise à quantifier pour la France la valeur totale de la « production de richesse » effectuée par les agents économiques résidents à l'intérieur du (ménages, entreprises, administrations publiques).

redistributif dans l'économie, comme le souligne Laurent Davezies[96] (Professeur au CNAM, titulaire de la chaire « Économie et développement des territoires ») : « Une part importante de la différence entre PIB et revenus régionaux tient aux transferts publics ». Ainsi, si on prend l'exemple d'une région comme le Nord-Pas-de-Calais, région dévastée par l'emploi depuis plus de trente ans, la population ne s'est pas « tiermondisée » du jour au lendemain suite à une perte d'emploi, mais grâce aux effets amortisseurs de la redistribution publique, la région a bénéficié de l'effort national[97]. Pourtant celle-ci au début du siècle était l'une des plus riches de France grâce aux mines de charbon et à l'époque c'est elle qui redistribuait les richesses. Il ne faut donc pas voir les territoires plus touchés par la crise comme des « boulets » car la redistribution s'opère aussi en fonction du temps et de la conjoncture[98]. De plus, contrairement à une idée reçue, les services et prestations publics sont aujourd'hui la première source de revenu des régions françaises. Il n'existe aucune région en France où la somme des salaires privés est supérieure à la somme des salaires publics et des prestations sociales, Ile de France comprise[99]. En revanche ce système contribue à une augmentation des prélèvements obligatoires, ce qui va pénaliser certains emplois mais pas la productivité[100]. Interessons-nous maintenant aux effets redistributifs des retraités, car à partir du moment où les actifs vont décroître par rapport aux retraites, les revenus de pensions de ces derniers vont devenir l'un des éléments majeur de la croissance du revenu local[101]. Ces pensions de retraite constituent « un élément décisif de rééquilibrage des revenus des régions dans la mesure où l'on observe[…]que ce sont les régions à plus faible PIB par habitant

---

[96] Voir note [93].
[97] VELTZ P. DAVEZIES L. (dir.), (2005), Le grand tournant : Nord-Pas-de-Calais 1975-2005, édition de l'aube.
[98] Ibid.
[99] DAVEZIES L. (Octobre 2012), La crise qui vient : La nouvelle fracture territoriale, Le seuil. Cité page 54.
[100] Sur la justice redistributive voir SINDZINGRE A. 2003), Distributive justice, globalization and international intervention : the new roles of multilateral institutions, in Michael C. DAVIS, Wolgang DIETRICH, Bettina SCHOLDAN et Dieter SEPP (dir.), International intervention in the post-cold war world : moral responsability and power politics, M.E SHARPE.
[101] DAVEZIES L. (2008), La république et ses territoires : la circulation invisible des richesses, Le seuil, cité page 31.

qui ont les plus forts taux de présence de personnes de plus de 65 ans. »[102]. Ces pensions ne vont pas bénéficier aux régions où les emplois étaient effectués par ces retraités car en France l'on travaille dans un endroit pour finir sa vie dans un autre. Comme le souligne Laurent Davezies dans son ouvrage sur la république et ses territoires : « Les habitants se déplacent naturellement en fonction des moments du cycle de vie et assez indépendamment de leur appartenance régionale. On naît ici, on fait ses études ailleurs, on travaille à d'autres endroits et on s'installe, arrivé à la retraite […] ailleurs encore. »[103]. Ceci profite évidemment à la Bretagne qui voit son nombre de migrants retraités (cf chapitre 1 de notre exposé) parmi les plus importants du pays. Ces migrants participent grandement à la redistribution des richesses dans notre région (on parle ici des zones littorales comme dans notre territoire vannetais). Sans compter la redistribution liée au tourisme des retraités qui vont écouler une partie de leur pension dans une économie qui n'est pas attachée à leur lieu de résidence, soit un gain de 100% pour la région d'accueil. La Bretagne voit ainsi près de 10% de ses revenus venir des dépenses touristiques (1.6 à 2.3 milliards d'euros)[104].

*De la difficulté d'analyse de la redistribution*

La difficulté de connaître statistiquement les effets de la redistribution des dépenses publiques au niveau local tient dans le fait que la littérature à ce sujet est très limitée voire inconnue ou ignorée. Pourtant la partie non-marchande de notre économie (donc contrôlée par les pouvoirs publics) représente 57% du PIB. Dans le même temps les études se multiplient sur les 43% restants (entreprises, la valeur ajoutée du secteur industriel, les emplois et salaires marchands etc…)[105]. Il est donc très difficile d'appréhender la dimension redistributive des budgets publics et sociaux. En effet, pratiquement aucune étude n'analyse la solidarité entre les territoires, opérée grâce aux budgets publics et sociaux[106]. Comme le souligne Laurent Davezies « On parle

[102] *Ibid.*
[103] *Ibid.* Page 32.
[104] *Ibid.* Page 40.
[105] DAVEZIES L. (Octobre 2012), *La crise qui vient : La nouvelle fracture territoriale*, Le seuil. Cité page 50.
[106] DAVEZIES L. (Octobre 2012), La crise qui vient : La nouvelle fracture territoriale, Le seuil. Cité page 51.

beaucoup plus de solidarité qu'on ne travaille à la mesurer »[107]. De plus les seules analyses pertinentes sont celles qui abordent la redistribution des salaires dans l'économie. Or ces études ne s'intéressent qu'au secteur marchand, oubliant de fait une majorité du salariat en France, celui du secteur public. En revanche en connaissant l'apport en emploi public d'un secteur comme celui du secteur sanitaire et médico-social on peut aisément connaître la redistribution effectuée par les agents de ces services par le biais de leur salaire.

*Un exemple de la redistribution opérée dans le secteur sanitaire et médico-social dans le territoire Vannetais : les salaires des agents qui le composent*

Nous pouvons calculer cette redistribution des salaires et ainsi limiter l'analyse qui ne voit ce secteur que comme une charge pour un département ou une région. En effet, l'idée préconçue est de dire que les personnes âgées coûtent cher. Mais l'on ne se pose jamais la question de l'apport financier induit par cette population. Comme nous l'avons vu dans la première section de ce chapitre, la prise en charge des personnes âgées en établissement pèse lourd dans le budget du département. Elle va s'accentuer par l'effet très important du vieillissement de la population que va connaître notre territoire dans les trente années à venir. Nous pouvons analyser, grâce aux données sur les salaires et le personnel employé dans le secteur sanitaire et médico-social, recueillies auprès du Conseil Général du Morbihan, l'effet de redistribution au niveau local des dépenses de santé.

Tableau 4.1 : Ventilation des ETP par catégorie de personnel dans le territoire Vannetais en 2012

| catégories de postes | Ensemble des ETP du secteur | | | | |
|---|---|---|---|---|---|
| | hébergement | Dépendance | Soins | Global | ETP poste |
| Direction - administration | 47,63 | | | 47,63 | 0,0289 |
| Cuisine - services généraux | 52,34 | | | 52,34 | 0,0318 |
| Animation | 18,51 | | | 18,51 | 0,0112 |
| ASH[108] | 215,39 | 92,3 | | 307,69 | 0,1869 |
| AS ou AMP[109] | | 128,5 | 299,83 | 428,33 | 0,2602 |
| Psychologue | | 5,16 | | 5,16 | 0,0031 |

---

[107] *Ibid.*
[108] ASH : agent des services hospitaliers.
[109] AS : Aide- soignante, AMP : Aide médico-psychologique.

| | | | 7,97 | 7,97 | 0,0048 |
|---|---|---|---|---|---|
| Autres auxiliaires médicaux | | | 7,97 | 7,97 | 0,0048 |
| Pharmacien | | | 2 | 2 | 0,0012 |
| IDE[110] | | | 104,03 | 104,03 | 0,0632 |
| Médecin | | | 7,34 | 7,34 | 0,0045 |
| Total | 333,87 | 225,96 | 421,17 | 981 | 0,596 |

*Source : conseil général du Morbihan, 2012*

Le taux d'encadrement en 2012 était de 0.59/1 résident, soit pour le territoire Vannetais dans la moyenne du département[111]. Ce taux se situe dans la moyenne nationale qui est aussi de 0.59[112]. En revanche nous devons ventiler ces ETP par catégorie d'établissement puisque les salariés n'appartiennent pas tous à la même convention collective et donc aux mêmes conditions salariales (tableau 4.2).

**Tableau 4.2 : Répartition des ETP par catégorie d'établissements en 2012**

| Privé Lucratif | | | | |
|---|---|---|---|---|
| | hébergement | Dépendance | Soins | Global |
| Direction - administration | 11,63 | | | 11,63 |
| Cuisine - services généraux | 12,78 | | | 12,78 |
| Animation | 4,52 | | | 4,52 |
| ASH | 52,60 | 22,54 | | 75,14 |
| AS ou AMP | | 31,38 | 73,22 | 104,60 |
| Psychologue | | 1,26 | | 1,26 |
| Autres auxiliaires médicaux | | | 1,95 | 1,95 |
| Pharmacien | | | | 0,00 |
| IDE | | | 25,40 | 25,40 |
| Médecin | | | 1,79 | 1,79 |
| total | 81,53 | 55,18 | 102,36 | 239,07 |
| PNL | | | | |
| | hébergement | Dépendance | Soins | Global |
| Direction - administration | 4,14 | | | 4,14 |
| Cuisine - services généraux | 4,55 | | | 4,55 |
| Animation | 1,61 | | | 1,61 |
| ASH | 18,72 | 8,02 | | 26,74 |
| AS ou AMP | | 11,17 | 26,06 | 37,22 |
| Psychologue | | 0,45 | | 0,45 |
| Autres auxiliaires médicaux | | | 0,69 | 0,69 |
| Pharmacien | | | | 0,00 |
| IDE | | | 9,04 | 9,04 |

---

[110] IDE : Infirmier (ère) diplômé(e) d'état.
[111] Conseil général du Morbihan (2012), *synthèse de campagne budgétaire 2012.*
[112] KPMG (2013), observatoire des Ehpad 2013, rapport annuel, page 44.

| | hébergement | Dépendance | Soins | Global |
|---|---|---|---|---|
| Médecin | | | 0,64 | 0,64 |
| total | 29,01 | 19,64 | 36,43 | 85,08 |

| Public autonome | | | | |
|---|---|---|---|---|
| | hébergement | Dépendance | Soins | Global |
| Direction - administration | 17,13 | | | 17,13 |
| Cuisine - services généraux | 18,83 | | | 18,83 |
| Animation | 6,66 | | | 6,66 |
| ASH | 77,48 | 33,20 | | 110,68 |
| AS ou AMP | | 46,22 | 107,85 | 154,07 |
| Psychologue | | 1,86 | | 1,86 |
| Autres auxiliaires médicaux | | | 2,87 | 2,87 |
| Pharmacien | | | | 0,00 |
| IDE | | | 37,42 | 37,42 |
| Médecin | | | 2,64 | 2,64 |
| total | 120,09 | 81,28 | 150,78 | 352,15 |

| Public hospitalier | | | | |
|---|---|---|---|---|
| | hébergement | Dépendance | Soins | Global |
| Direction - administration | 8,04 | | | 8,04 |
| Cuisine - services généraux | 8,84 | | | 8,84 |
| Animation | 3,13 | | | 3,13 |
| ASH | 36,38 | 15,59 | | 51,97 |
| AS ou AMP | | 21,70 | 50,64 | 72,34 |
| Psychologue | | 0,87 | | 0,87 |
| Autres auxiliaires médicaux | | | 1,35 | 1,35 |
| Pharmacien | | | 2,00 | 2,00 |
| IDE | | | 17,57 | 17,57 |
| Médecin | | | 1,24 | 1,24 |
| total | 56,39 | 38,16 | 72,80 | 167,35 |

| Public territorial | | | | |
|---|---|---|---|---|
| | hébergement | Dépendance | Soins | global |
| Direction - administration | 6,68 | | | 6,68 |
| Cuisine - services généraux | 7,34 | | | 7,34 |
| Animation | 2,60 | | | 2,60 |
| ASH | 30,22 | 12,95 | | 43,17 |
| AS ou AMP | | 18,03 | 42,07 | 60,09 |
| Psychologue | | 0,72 | | 0,72 |
| Autres auxiliaires médicaux | | | 1,12 | 1,12 |
| Pharmacien | | | | 0,00 |
| IDE | | | 14,60 | 14,60 |
| Médecin | | | 1,03 | 1,03 |
| total | 46,84 | 31,70 | 58,81 | 137,35 |

*Source : conseil général du Morbihan, 2012.*

La ventilation que nous avons effectuée s'est faite par proportionnalité du quota d'ETP pour le territoire Vannetais. Il s'agit d'une estimation (sauf pour le secteur public où nous avons conservé les ETP de pharmacien, les autres établissements n'ayant pas de poste dans cette catégorie). Grâce à la répartition par catégorie nous pouvons associer la grille salariale pour chaque convention collective répertoriée du secteur sanitaire et médico-social (tableau 4.3).

**Tableau 4.3 : Masse salariale des ETP par catégorie d'établissement du territoire Vannetais en 2012**

| Catégorie ETP | Salaire annuel moyen brut[113] | Masse salariale/ETP secteur |
|---|---|---|
| Convention collective CCU (synerpa), secteur privé marchand | | |
| Direction - administration | 62 571 € | 727 779 € |
| Cuisine - services généraux | 35 590 € | 454 891 € |
| Animation | 30 383 € | 137 335 € |
| ASH | 33 755 € | 2 536 280 € |
| AS ou AMP | 38 852 € | 4 063 849 € |
| Psychologue | 48 600 € | 61 239 € |
| Autres auxiliaires médicaux | 41 700 € | 81 160 € |
| Pharmacien | 0 € | 0 € |
| IDE | 53 528 € | 1 359 832 € |
| Médecin | 112 595 € | 201 818 € |
| Total | 457 574 € | 9 624 183 € |
| Convention collective 51, secteur privé à but non lucratif | | |
| Direction - administration | 63 903 € | 264 498 € |
| Cuisine - services généraux | 40 369 € | 183 612 € |
| Animation | 35 738 € | 57 485 € |
| ASH | 36 858 € | 985 519 € |
| AS ou AMP | 42 775 € | 1 592 166 € |
| Psychologue | 48 600 € | 21 792 € |
| Autres auxiliaires médicaux | 41 700 € | 28 881 € |
| Pharmacien | 0 € | 0 € |
| IDE | 60 617 € | 547 990 € |
| Médecin | 128 245 € | 81 801 € |
| Total | 498 805 € | 3 763 744 € |
| Convention fonction publique territoriale, secteur public autonome | | |
| Direction - administration | 44 232 € | 757 805 € |
| Cuisine - services généraux | 33 600 € | 632 577 € |
| Animation | 33 485 € | 222 945 € |
| ASH | 34 699 € | 3 840 350 € |

---

[113] Cela correspond à un coût au poste c'est-à-dire à la masse salariale intégrant les crédits de remplacement, divisée par le nombre d'équivalents temps plein, hors effectif de remplacement.

| AS ou AMP | 38 307 € | 5 901 971 € |
| Psychologue | 48 600 € | 90 204 € |
| Autres auxiliaires médicaux | 41 700 € | 119 546 € |
| Pharmacien | 0 € | 0 € |
| IDE | 49 558 € | 1 854 440 € |
| Médecin | 95 426 € | 251 944 € |
| **Total** | **419 607 €** | **13 671 781 €** |
| Convention fonction publique hospitalière, secteur public hospitalier | | |
| Direction - administration | 54 468 € | 438 179 € |
| Cuisine - services généraux | 39 029 € | 345 025 € |
| Animation | 38 913 € | 121 655 € |
| ASH | 38 140 € | 1 982 092 € |
| AS ou AMP | 43 384 € | 3 138 613 € |
| Psychologue | 48 600 € | 42 356 € |
| Autres auxiliaires médicaux | 41 700 € | 56 134 € |
| Pharmacien | 64 500 € | 129 000 € |
| IDE | 54 381 € | 955 510 € |
| Médecin | 99 025 € | 122 764 € |
| **Total** | **522 140 €** | **7 331 328 €** |
| Convention fonction publique territoriale, secteur publique territoriale | | |
| Direction - administration | 44 232 € | 295 580 € |
| Cuisine - services généraux | 33 600 € | 246 735 € |
| Animation | 33 485 € | 86 959 € |
| ASH | 34 699 € | 1 497 918 € |
| AS ou AMP | 38 307 € | 2 302 048 € |
| Psychologue | 48 600 € | 35 184 € |
| Autres auxiliaires médicaux | 41 700 € | 46 629 € |
| Pharmacien | 0 € | 0 € |
| IDE | 49 558 € | 723 319 € |
| Médecin | 95 426 € | 98 270 € |
| **Total** | **419 607 €** | **5 332 641 €** |
| **Cout total ETP du territoire Vannetais** | | **39 723 678 €** |

*Source : conseil général du Morbihan, 2012.*

La masse salariale totale du territoire Vannetais représente près de 60% des dépenses globales dans le secteur sanitaire et médico-social (dépenses globales du territoire Vannetais : 51 813 266 € pour 2012, auquel il faut enlever les salariés du secteur privé marchand). On voit très clairement que l'analyse de la redistribution des salaires est tout à fait pertinente compte tenu de son poids dans les dépenses. Il faut tout de même retirer de la masse salariale les ETP qui concernent les établissements privés marchands soit 9 624 183 €. Donc les pouvoirs publics contribuent à hauteur de 30 099 495€ dans la masse salariale totale du territoire soit près de 60%. On peut facilement calculer la redistribution des salaires, d'abord par les cotisations sociales de l'ordre de 23% du salaire brut[114]. Nous obtiendrons alors le revenu disponible redistribuable directement dans l'économie locale (tableau 4.4). Les pouvoirs publics récupèrent directement par le biais de la solidarité nationale ces 23% de charges qui sont donc redistribuées directement à l'état.

Ces charges sont aussi récupérées par l'état au niveau des salariés du secteur privé marchand alors même que ce ne sont pas des salariés du secteur public.

Tableau 4.4 : Revenu disponible des salariés du secteur sanitaire et médico-social du territoire vannetais en 2012

| | Masse salariale/ETP secteur | Part des cotisations sociales | Revenu disponible |
|---|---|---|---|
| Convention collective CCU (synerpa), secteur privé marchand | | | |
| Total | 9 624 183 € | 2 213 562 € | 7 410 621 € |
| Convention collective 51, secteur privé à but non lucratif | | | |
| Total | 3 763 744 € | 865 661 € | 2 898 083 € |
| Convention fonction publique territoriale, secteur public autonome | | | |
| Total | 13 671 781 € | 3 144 510 € | 10 527 272 € |
| Convention fonction publique hospitalière, secteur public hospitalier | | | |
| Total | 7 331 328 € | 1 686 205 € | 5 645 123 € |
| Convention fonction publique territoriale, secteur publique territoriale | | | |
| Total | 5 332 641 € | 1 226 507 € | 4 106 134 € |
| **Coût total ETP** | **39 723 678 €** | **9 136 446 €** | **30 587 232 €** |

Source : conseil général du Morbihan, 2012

Comme nous le montre le tableau 4.4 le revenu disponible hors impôts locaux et sur le revenu est de 30 587 232€ pour le territoire Vannetais. Nous avons bien une redistribution des revenus, non seulement dans l'économie locale par le revenu disponible mais aussi au niveau de la solidarité nationale par le biais des impôts et autres cotisations sociales. Il est donc réducteur de ne voir la prise en charge des personnes âgées que du point de vue de la charge financière et non pas de l'apport à l'économie locale.

---

[114] Le chiffre de 23% est obtenu par la règle de calcul de juritravail, disponible à l'adresse : http://www.juritravail.com/

Nous pouvons aussi analyser à l'horizon 2042 le nombre d'ETP par catégorie de personnel dont nous aurons besoin ainsi que le coût au poste induit et ainsi calculer la redistribution déduite. Pour cela nous avons fait une projection des besoins en lits médicalisés par catégorie d'établissement à l'horizon 2042 (tableau 4.5), puis nous les avons associés à une projection des ETP par besoin identifié afin de calculer le coût au poste de chaque ETP en 2042 (tableau 4.6). Pour le calcul des coûts au poste, nous l'avons calculé avec une inflation annuelle de 1% ; ainsi les estimations tiendront compte de ce paramètre qui dans notre pays est assez stable sur la durée[115]. Pour cette partie nous ferons juste un comparatif des données entre 2012 et 2042. Pour le reste des données sur la période d'étude, elles sont visibles en annexe de ce mémoire (Annexe 1).

**Tableau 4.5 : Projection en lits médicalisés par catégorie d'établissement du territoire Vannetais**

| Année | | | Taux d'équipement 2012[116] | 2012 | 2017 | 2022 | 2027 | 2032 | 2037 | 2042 |
|---|---|---|---|---|---|---|---|---|---|---|
| Pop âgée + 75 ans | | | | 15715 | 17880 | 20740 | 26372 | 31237 | 35752 | 39586 |
| PL[117] | Nombre de places supplémentaires nécessaires pour maintenir le taux d'équipement de 2012 | | 25,58 | 0 | 55 | 129 | 273 | 397 | 513 | 611 |
| | Capacité totale par année | | | 402 | 457 | 531 | 675 | 799 | 915 | 1013 |
| PNL[118] | Nombre de places supplémentaires nécessaires pour maintenir le taux d'équipement de 2012 | | 9,10 | 0 | 20 | 46 | 97 | 141 | 182 | 217 |
| | Capacité totale par année | | | 143 | 163 | 189 | 240 | 284 | 325 | 360 |

---

[115] Les chiffres de l'OCDE montrent une inflation de 1.6% pour la France sur les 18 dernières années, in Tableaux-clés de l'OCDE - ISSN 2074-3874, 2010.
[116] La projection est effectuée avec les lits d'hébergement permanent ainsi que ceux de l'accueil de jour et de l'hébergement temporaire.
[117] Privé lucratif.
[118] Privé à but non lucratif.

| | | | | | | | | | |
|---|---|---|---|---|---|---|---|---|---|
| PA[119] | Nombre de places supplémentaires nécessaires pour maintenir le taux d'équipement de 2012 | 37,67 | 0 | 82 | 189 | 401 | 585 | 755 | 899 |
| | Capacité totale par année | | 592 | 674 | 781 | 993 | 1177 | 1347 | 1491 |
| PH[120] | Nombre de places supplémentaires nécessaires pour maintenir le taux d'équipement de 2012 | 17,69 | 0 | 38 | 89 | 189 | 275 | 354 | 422 |
| | Capacité totale par année | | 278 | 316 | 367 | 467 | 553 | 632 | 700 |
| PT[121] | Nombre de places supplémentaires nécessaires pour maintenir le taux d'équipement de 2012 | 14,70 | 0 | 32 | 74 | 157 | 228 | 295 | 351 |
| | Capacité totale par année | | 231 | 263 | 305 | 388 | 459 | 526 | 582 |

*Source : projection Omphale 2012*

**Tableau 4.6 : Projection des besoins en ETP et des coûts au poste par catégorie d'établissement en 2042 dans le territoire Vannetais**

| Privé Lucratif | | | | | | | | |
|---|---|---|---|---|---|---|---|---|
| | hébergement | Dépendance | Soins | 2042 | 2012 | ≠ avec 2012 | Coût ETP 2042 | ≠ avec 2012 |
| Direction - administration | 29,30 | | | 29,30 | 11,63 | 17,67 | 2 470 977 € | 1 743 198 € |
| Cuisine - services généraux | 32,20 | | | 32,20 | 12,78 | 19,41 | 1 544 460 € | 1 089 569 € |
| Animation | 11,39 | | | 11,39 | 4,52 | 6,87 | 466 286 € | 328 950 € |
| ASH | 132,49 | 56,78 | | 189,27 | 75,14 | 114,13 | 8 611 257 € | 6 074 977 € |
| AS ou AMP | | 79,05 | 184,44 | 263,48 | 104,60 | 158,88 | 13 797 707 € | 9 733 858 € |
| Psychologue | | 3,17 | | 3,17 | 1,26 | 1,91 | 207 922 € | 146 683 € |
| Autres auxiliaires médicaux | | | 4,90 | 4,90 | 1,95 | 2,96 | 275 556 € | 194 396 € |
| Pharmacien | | | | | | 0,00 | | |
| IDE | | | 63,99 | 63,99 | 25,40 | 38,59 | 4 616 945 € | 3 257 112 € |
| Médecin | | | 4,52 | 4,52 | 1,79 | 2,72 | 685 220 € | 483 402 € |
| total | 205,38 | 139,00 | 257,85 | 602,22 | 239,07 | 363,15 | 32 676 329 € | 23 052 146 € |

[119] Public autonome.
[120] Public hospitalier.
[121] Public territorial.

| PNL | | | | | | | | |
|---|---|---|---|---|---|---|---|---|
| | hébergement | Dépendance | Soins | Global | Global | ≠ avec 2012 | Coût ETP 2042 | ≠ avec 2012 |
| Direction - administration | 10,43 | | | 10,43 | 4,14 | 6,29 | 898 030 € | 633 533 € |
| Cuisine - services généraux | 11,46 | | | 11,46 | 4,55 | 6,91 | 623 406 € | 439 794 € |
| Animation | 4,05 | | | 4,05 | 1,61 | 2,44 | 195 176 € | 137 690 € |
| ASH | 47,15 | 20,20 | | 67,35 | 26,74 | 40,62 | 3 346 064 € | 2 360 546 € |
| AS ou AMP | | 28,13 | 65,63 | 93,76 | 37,22 | 56,54 | 5 405 771 € | 3 813 606 € |
| Psychologue | | 1,13 | | 1,13 | 0,45 | 0,68 | 73 990 € | 52 198 € |
| Autres auxiliaires médicaux | | | 1,74 | 1,74 | 0,69 | 1,05 | 98 058 € | 69 177 € |
| Pharmacien | | | | | | 0,00 | | |
| IDE | | | 22,77 | 22,77 | 9,04 | 13,73 | 1 860 554 € | 1 312 563 € |
| Médecin | | | 1,61 | 1,61 | 0,64 | 0,97 | 277 732 € | 195 931 € |
| total | 73,08 | 49,46 | 91,76 | 214,30 | 85,08 | 129,23 | 12 778 782 € | 9 015 038 € |
| Public autonome | | | | | | | | |
| | hébergement | Dépendance | Soins | Global | Global | ≠ avec 2012 | Coût ETP 2042 | ≠ avec 2012 |
| Direction - administration | 43,16 | | | 43,16 | 17,13 | 26,02 | 2 572 924 € | 1 815 119 € |
| Cuisine - services généraux | 47,42 | | | 47,42 | 18,83 | 28,60 | 2 147 745 € | 1 515 168 € |
| Animation | 16,77 | | | 16,77 | 6,66 | 10,11 | 756 949 € | 534 004 € |
| ASH | 195,16 | 83,63 | | 278,79 | 110,68 | 168,12 | 13 038 876 € | 9 198 526 € |
| AS ou AMP | | 116,43 | 271,67 | 388,10 | 154,07 | 234,03 | 20 038 557 € | 14 136 586 € |
| Psychologue | | 4,68 | | 4,68 | 1,86 | 2,82 | 306 264 € | 216 060 € |
| Autres auxiliaires médicaux | | | 7,22 | 7,22 | 2,87 | 4,35 | 405 886 € | 286 340 € |
| Pharmacien | | | | | | 0,00 | | |
| IDE | | | 94,26 | 94,26 | 37,42 | 56,84 | 6 296 253 € | 4 441 813 € |
| Médecin | | | 6,65 | 6,65 | 2,64 | 4,01 | 855 407 € | 603 463 € |
| total | 302,51 | 204,74 | 379,80 | 887,06 | 352,15 | 534,91 | 46 418 862 € | 32 747 080 € |

| Public hospitalier | | | | | | | | |
|---|---|---|---|---|---|---|---|---|
| | hébergement | Dépendance | Soins | Global | Global | ≠ avec 2012 | Coût ETP 2042 | ≠ avec 2012 |
| Direction - administration | 20,26 | | | 20,26 | 8,04 | 12,22 | 1 487 719 € | 1 049 540 € |
| Cuisine - services généraux | 22,27 | | | 22,27 | 8,84 | 13,43 | 1 171 440 € | 826 415 € |
| Animation | 7,88 | | | 7,88 | 3,13 | 4,75 | 413 048 € | 291 392 € |
| ASH | 91,64 | 39,27 | | 130,91 | 51,97 | 78,94 | 6 729 660 € | 4 747 568 € |
| AS ou AMP | | 54,67 | 127,57 | 182,24 | 72,34 | 109,89 | 10 656 317 € | 7 517 704 € |
| Psychologue | | 2,20 | | 2,20 | 0,87 | 1,32 | 143 809 € | 101 453 € |
| Autres auxiliaires médicaux | | | 3,39 | 3,39 | 1,35 | 2,04 | 190 587 € | 134 453 € |
| Pharmacien | | | 5,04 | 5,04 | 2,00 | 3,04 | 437 985 € | 308 985 € |
| IDE | | | 44,26 | 44,26 | 17,57 | 26,69 | 3 244 179 € | 2 288 669 € |
| Médecin | | | 3,12 | 3,12 | 1,24 | 1,88 | 416 812 € | 294 048 € |
| total | 142,05 | 96,14 | 183,38 | 421,56 | 167,35 | 254,21 | 24 891 555 € | 17 560 227 € |
| Public territorial | | | | | | | | |
| | hébergement | Dépendance | Soins | global | global | ≠ avec 2012 | Coût ETP 2042 | ≠ avec 2012 |
| Direction - administration | 16,83 | | | 16,83 | 6,68 | 10,15 | 1 003 562 € | 707 982 € |
| Cuisine - services généraux | 18,50 | | | 18,50 | 7,34 | 11,15 | 837 722 € | 590 987 € |
| Animation | 6,54 | | | 6,54 | 2,60 | 3,94 | 295 246 € | 208 287 € |
| ASH | 76,12 | 32,62 | | 108,74 | 43,17 | 65,57 | 5 085 778 € | 3 587 860 € |
| AS ou AMP | | 45,41 | 105,96 | 151,38 | 60,09 | 91,28 | 7 815 984 € | 5 513 937 € |
| Psychologue | | 1,82 | | 1,82 | 0,72 | 1,10 | 119 457 € | 84 274 € |
| Autres auxiliaires médicaux | | | 2,82 | 2,82 | 1,12 | 1,70 | 158 315 € | 111 686 € |
| Pharmacien | | | | | | 0,00 | | |
| IDE | | | 36,77 | 36,77 | 14,60 | 22,17 | 2 455 836 € | 1 732 517 € |
| Médecin | | | 2,59 | 2,59 | 1,03 | 1,56 | 333 649 € | 235 379 € |
| total | 117,99 | 79,86 | 148,14 | 345,99 | 137,35 | 208,64 | 18 105 550 € | 12 772 909 € |
| Total | | | | 2471,14 | 981,00 | 1490,14 | 134 871 078 € | 95 147 400 € |

*Source : conseil général du Morbihan, 2012*

Le tableau nous permet de réaliser un prévisionnel des dépenses futures en masse salariale : ainsi en 2042 la masse salariale totale s'établira à plus de 130 millions d'euros à comparer avec le budget total prévu en 2042 (voir tableau 3.6) qui est de 235 millions d'euros, soit une part de 57% qui est potentiellement redistribuable dans le territoire par le biais de la consommation des ménages. Mais cela permet aussi de prévoir les formations à réaliser dans chaque catégorie d'établissement à l'horizon 2042. Ainsi en faisant un bilan par type de personnel (tableau 4.7) il faudra prévoir 1490 ETP en plus pour faire face aux besoins des futurs résidents avec trois catégories très sensibles à cette projection : les Aides-soignantes, les ASH (Agent des services hospitaliers) et les infirmières. Ces trois catégories représentent près de 80% des besoins en personnel. La formation professionnelle de ces agents est donc primordiale pour les années à venir.

Tableau 4.7 : Répartition des ETP à prévoir par catégorie de personnel à l'horizon 2042

| Catégorie de personnel | ETP à prévoir |
|---|---|
| Direction - administration | 72,35 |
| Cuisine - services généraux | 79,50 |
| Animation | 28,12 |
| ASH | 467,38 |
| AS ou AMP | 650,63 |
| Psychologue | 7,84 |
| Autres auxiliaires médicaux | 12,11 |
| Pharmacien | 3,04 |
| IDE | 158,02 |
| Médecin | 11,15 |
| Total | 1490,14 |

*Source : Conseil général du Morbihan, 2012*

L'étude de la redistribution, nous permet non seulement de connaître les retombées économiques liées à la consommation salariale (ce qui tend à limiter l'impact du vieillissement en termes de charge financière) mais aussi de connaître les besoins futurs en personnel pour notre territoire. En revanche devant l'ampleur du phénomène de vieillissement, les pouvoirs publics vont devoir adapter le système d'offre d'hébergement pour réduire les charges inhérentes des établissements. Nous allons analyser dans une deuxième partie les alternatives à l'hébergement permanent en institution.

# Partie 2 : Les alternatives du logement en établissement sanitaire ou Médico-social

## Section 1 : Le maintien à domicile, enjeux et acteurs

Comme nous l'avons vu, le vieillissement de la population va directement impacter l'augmentation du niveau de dépendance. Ceci va conduire les pouvoirs publics à réorganiser l'offre sanitaire et médico-sociale. En effet le postulat à l'horizon 2042 montre que les établissements vont devoir faire face à une augmentation considérable des demandes. La solution ne réside pas dans la construction effrénée de multiples établissements (même si leur nombre va devoir augmenter fortement). Mais plutôt comme l'ont bien compris les pouvoirs publics dans les offres alternatives. Ainsi depuis plusieurs années l'accent est mis sur le développement de l'offre en HAD[122] et d'une réorganisation des ehpad capables d'accueillir des résidents plus dépendants en termes de GIR. Le corollaire de la HAD est le maintien à domicile de personnes âgées qui vont rester chez elles plus longtemps et rejoindre un établissement quand la structure de maintien n'offre plus de réponse favorisant la santé. La population des personnes âgées dans le Morbihan est d'autant plus favorable au maintien à domicile que la région a une culture d'entraide intergénérationnelle, comme le souligne le démographe Hervé Le Bras[123], « il demeure [en Bretagne] une tradition d'entraide, de solidarité familiale et de solidarité intergénérationnelle ».

---

[122] HAD : Hospitalisation à domicile
[123] Le télégramme, *Crise. La Bretagne résiste mieux*, entretien avec Hervé Le Bras démographe, édition du 9 avril 2013.

**Les constats sur l'habitat dans le département du Morbihan en 2007[124]**

- 89,4 % des morbihannais de 75 ans et plus vivent à domicile (89,2 % en Bretagne, 90,5 % en France), soit 60 800 personnes :

- Dont 12 007 personnes, soit 76,2 % des 85 ans et plus (75 % en Bretagne, 77,8 % en France),

- 89,9 % des personnes de 75 ans et plus vivaient en logement ordinaire en 1999

- 84 % des ménages morbihannais de 60 ans et plus sont propriétaires:

- 85 % des 60-74 ans, 82 % chez les 75 ans et plus,

- 69 % pour l'ensemble des ménages morbihannais

- 85.1 ans est l'âge médian d'entrée en établissement[125]

*Contexte du maintien à domicile*

Les instruments réglementaires et statistiques en France définissent comme personnes âgées les personnes de 60 ans et plus. Ce qui ne correspond plus du tout à la réalité du processus de vieillissement comme nous l'avons vu dans la première partie de ce mémoire. Ils ne correspondent plus non plus à l'augmentation de la dépendance qui ne concerne qu'une faible part des sexagénaires ayant besoin d'une aide pour les actes essentiels de la vie quotidienne. Selon l'étude de l'Insee[126] « Handicaps, incapacités et dépendance », réalisée entre 1998 et 2002, sur 1 million de personnes âgées dépendantes les ¾ vivaient à domicile. 66% étaient des femmes et ¼ avaient plus de 85 ans. Selon la DREES[127], pour les données actuelles, fin 2009, 1

---

[124] Schéma gérontologique du Morbihan 2011-2015, page 98.
[125] SCOLAN I. (Janvier 2013), Observatoire des Ehpad, KPMG
[126] INSEE Résultats n° 755-756, *enquête handicaps incapacités dépendance en institution (HID)*, Démographie et société n° 83-84, Aout 2001.
[127] DREES : Direction de la recherche, des études, de l'évaluation et des statistiques

148 000 personnes bénéficient de l'APA sur l'ensemble du territoire (métropole et DOM) : 699 000 à domicile et 449 000 en établissement. Parmi les personnes percevant l'APA, 61 % vivent à domicile et 39 % en établissement ou en foyers-logements non médicalisés[128]. Le constat pour la Bretagne est différent l'APA domicile ne représente que 39% à 54% selon les départements (Le Morbihan se trouve dans la fourchette la plus basse avec moins de 50% de bénéficiaires de l'APA à domicile) ; cela explique l'urgence de développer des conditions de maintien des personnes âgées à domicile.

Du fait de l'accroissement de la population âgée et de sa volonté exprimée de rester à domicile le plus longtemps possible (90% des personnes âgées de plus de 65 ans[129]), le secteur du service à domicile représente un gisement considérable d'emplois pour la région Bretagne et surtout le Morbihan qui compte une part importante de « grande vieillesse ». Il convient donc dans un futur proche de soutenir un secteur qui est une chance de développement pour un territoire.

Les pouvoirs publics ont identifié ce besoin de maintien à domicile dès les années 1960, avec le rapport dit « Laroque »[130]. Ce rapport fondateur incite alors l'état à mettre la priorité sur le maintien à domicile. Le problème vient de sa mise en œuvre ; en effet beaucoup de difficultés s'accumulent lorsque l'on met en place une telle politique. On parlera ici de la qualité de la prestation fournie, du lien social à renforcer pour éviter un « isolement à domicile » etc…

L'AVISE[131], dans son rapport d'Octobre 2006, sur le maintien à domicile des personnes âgées dépendantes identifie plusieurs de ces difficultés :

- Isolement de personnes âgées dépendantes parfois vivant seules à leur domicile

---

[128] DREES (Octobre 2011), Etudes et résultats n°780, L'évolution de l'allocation personnalisée d'autonomie de 2002 à 2009.
[129] La lettre du cadre territorial, n° 286, 1er décembre 2004
[130] Rapport Laroque, *commission d'étude des problèmes de la vieillesse*, 1962.
[131] AVISE : Agence de Valorisation des Initiatives Socio-Economiques, crée en 2002 par la caisse des dépôts, dans le but d'accroître le nombre et la performance des entreprises de l'économie sociale et solidaire (ESS).

- La pauvreté des ménages de plus de 60 ans
- Le logement inadéquat : absence de sanitaires, de chauffage, d'ascenseurs...
- L'incapacité fonctionnelle lourde
- La démobilisation de l'entourage lorsque la charge d'un proche devient trop lourde compte-tenu de sa dépendance.
- Le manque de structures d'aides à domicile en termes de qualité et de quantité
- La désertification médicale qui touche le milieu rural
- L'absence de coordination entre les différents acteurs intervenant à domicile

Les services permettant le maintien à domicile de la personne dépendante sont denses et relèvent de deux secteurs bien distincts : le sanitaire et le médico-social. Il est nécessaire de structurer ce réseau dans le but de l'amélioration continue de la prise en charge à domicile. Les personnes âgées bénéficient de plusieurs interventions différentes : portage de repas à domicile, amélioration de l'habitat ou autres aides techniques (ex : système d'alarme). Le transport à la demande est aussi un service qui permet le lien social et son maintien, avec un système adapté à l'autonomie de la personne.

La multiplicité des acteurs (tableau 5.1) justifie la nécessité d'une coordination locale facilitant le maintien à domicile. 3 acteurs majeurs se retrouvent dans ce partage des tâches du maintien à domicile : Les CLIC[132], les services à la personne et les SSIAD[133].

---

[132] CLIC : Centres Locaux d'Information et de Coordination
[133] SSIAD : Services de Soins Infirmiers à Domicile

*Les CLIC*

Les CLIC[134] ont un rôle d'accueil, de conseil et d'orientation des personnes âgées ainsi que de la prise en charge des situations complexes qu'elles peuvent rencontrer. Ces structures se situent dans une triple logique de proximité : accès facilité aux droits et mise en réseau entre les professionnels notamment les professions de santé ; accompagnement à domicile aménagement de l'habitat, ainsi que les acteurs locaux. Les CLIC sont des services sociaux et médico-sociaux visés au tiret 11 de l'article L.312-1 du code de l'action sociale et des familles ; l'ouverture d'un CLIC[135] est soumise à l'autorisation du président du conseil général après avis du CROSMS[136].

**Tableau 5.1 : Les différents acteurs dans le maintien à domicile des personnes âgées**

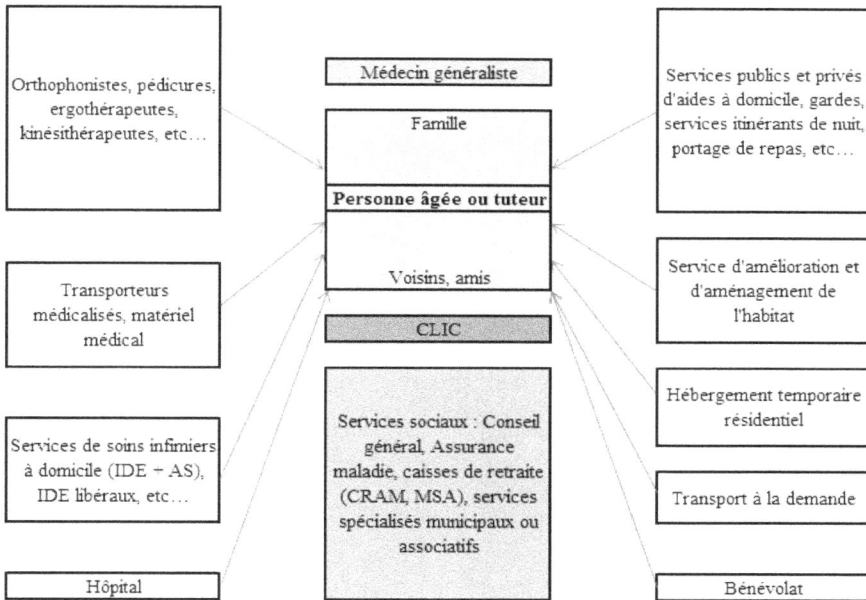

*Source : le maintien à domicile des personnes âgées dépendantes, AVISE, 2006*

---

[134] Vont bientôt voir leurs attributions réduites (courant 2013) par la mise en place de la structure MAIA (Maisons pour l'autonomie et l'intégration des malades Alzheimer) mises en place par la CIRCULAIRE INTERMINISTERIELLE N°DGCS/SD3A/DGOS/2011/12 du 13 janvier 2011 relative à la mise en œuvre de la mesure 4 du Plan Alzheimer.

[135] Code de la santé publique, Loi n°2004-806 du 13 Aout 2004 relative aux libertés et responsabilités locales.

[136] CROSMS : Comité Régional de l'Organisation Sociale et Médico-Sociale.

Les missions attribuées aux CLIC correspondent à 3 niveaux de label[137] :

• Le Niveau 1 se définit comme un centre d'accueil, d'information, de conseil et de soutien aux familles.

• Le Niveau 2 a pour mission supplémentaire d'évaluer les besoins et d'élaborer le plan d'aide personnalisé,

• Le Niveau 3 peut mettre en œuvre, suivre et adapter le plan d'aide.

Pour le territoire gérontologique vannetais le CLIC est assuré par celui du pays de Vannes qui comprend en plus du territoire gériatrique les communautés de communes du pays de Questembert, de Muzillac ainsi que le canton de La Roche Bernard (carte 5.1).

Carte 5.1 Les CLIC et les relais gérontologiques du Morbihan

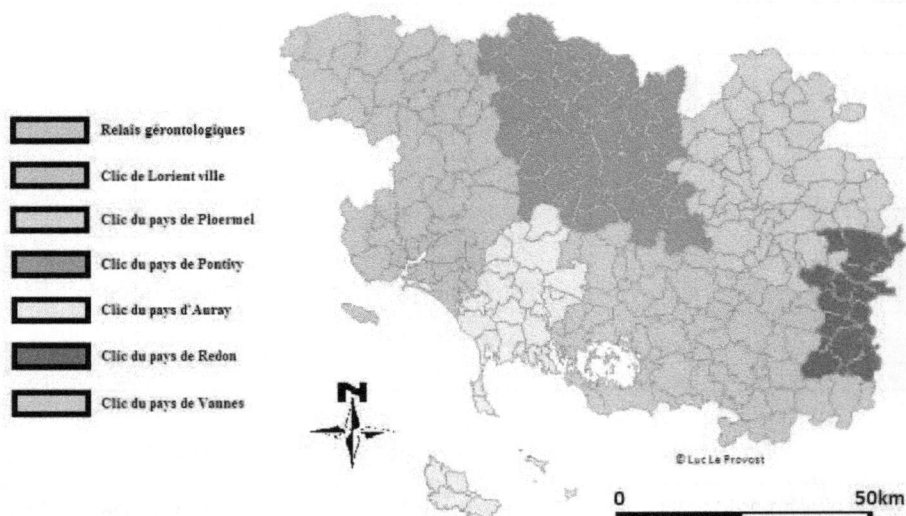

*Source : Conseil général du Morbihan, 2010*

---

[137] Missions définies par le ministère de la santé et des solidarités.

*Les SSIAD*

Un Service de Soins Infirmiers à Domicile (SSIAD) est une structure gérée soit par une association, soit par une fondation, soit par une mutuelle (en 2008, 63 % des SSIAD sont de statut privé à but non lucratif)[138], soit par des organismes ou établissements publics (37 %). Leur mission est de prodiguer des soins aux personnes âgées de plus de 60 ans (95 % des interventions au 31 décembre 2008)[139] et, depuis 2004, aux personnes adultes de moins de 60 ans handicapées ou atteintes de certaines pathologies chroniques. Les SSIAD interviennent pour le maintien des personnes âgées en situation de dépendance préférant rester à leur domicile et souhaitant garder une certaine autonomie. Ils ont pour mission de contribuer à prévenir ou à différer l'entrée à l'hôpital ou dans un établissement d'hébergement. Si, en 2008, 96 % des missions se font au domicile[140] des patients, les SSIAD interviennent aussi dans des établissements non médicalisés pour personnes âgées ou pour personnes adultes handicapées. Dans les faits, plus de 80 % des personnes accompagnées sont âgées de 75 ans ou plus[141]. Ces dernières se trouvent en situation sévère de perte d'autonomie. Parmi ces bénéficiaires, deux tiers sont des femmes[142].

Les SSIAD sont un maillon essentiel du maintien des personnes à leur domicile. Ils réalisent diverses prestations de soins :

• des soins d'hygiène et de confort afin de maintenir les capacités d'autonomie. Ainsi qu'un volet surveillance et observation dans le cadre de la prévention.

• des soins pratiqués par des infirmiers diplômés d'état.

• un accompagnement dans l'environnement social et familial

• un accompagnement dans le parcours de soins

• l'aménagement du domicile

---

[138] DREES (Septembre 2008), Etudes et résultats n°739.
[139] *Ibid.*
[140] *Ibid.*
[141] *Ibid.*
[142] *Ibid.*

L'une des caractéristiques majeures de la réalisation des soins au domicile du patient est le lien nécessaire qui existe entre la prise en charge soignante, la dimension sociale et familiale et le travail en réseau avec d'autres acteurs médico-sociaux, sanitaires ou sociaux. Plusieurs partenaires se coordonnent ainsi avec les SSIAD :

- les Hôpitaux,

- les Services d'Aide à Domicile (SAD)

- les services d'Hospitalisation à domicile (HAD),

- les Médecins Généralistes,

- les Laboratoires,

- les Kinésithérapeutes,

- les Centres Médico-Psychologiques (CMP),

- les Filières gériatriques.

La création et l'extension des SSIAD relevait jusqu'au 1er Avril 2010 de la compétence de l'état et est désormais confiée à l'agence régionale de santé[143].


*Les services à la personne*


Pour faire face aux difficultés de la vie quotidienne, comme par exemple l'entretien du logement, la préparation des repas, l'entretien du linge, la garde de nuit, la personne âgée peut :

---

[143] Code de l'action sociale et des familles, Art R 313.1 à R 313.10 relatifs aux modalités d'autorisation de création de transformation ou d'extension d'établissements et services sociaux et médico-sociaux.
Code de l'action sociale et des familles, Art R 314.105 à R 314.139 relatifs aux services de soins infirmiers à domicile.
Et décret du 1er avril 2010 portant nomination des directeurs généraux des agences régionales de santé.

• embaucher directement un salarié, notamment parce qu'elle peut salarier un « aidant naturel » : enfant, petits-enfants, à l'exclusion du conjoint.

Elle peut aussi solliciter un service mandataire qui réalise à sa place les différentes modalités administratives afférentes à son statut d'employeur : déclaration d'embauche, déclaration URSSAF, émission d'un bulletin de salaire…

• faire appel à un prestataire de services à domicile (association ou entreprise). Dans le cas de prestations à domicile effectuées par une structure, la personne âgée est « cliente » d'une association ou d'une entreprise. En tant que cliente, elle définit ses besoins et les modalités d'interventions souhaitées avec la structure, et règle des factures d'intervention à domicile selon le nombre d'heures sollicitées mensuellement.[144]

Les SSIAD et les services d'aide à domicile sont les pivots du maintien à domicile. Le personnel des SSIAD est obligatoirement diplômé puisqu'il fait appel à des compétences délivrées par un diplôme d'état. En revanche le personnel diplômé du secteur de l'aide à domicile ne représente que 20% du personnel en 1999, 11% dans les CCAS[145], 9% dans les structures associatives, 13% dans les services prestataires et 6% dans les services mandataires[146]. La formation professionnelle dans le secteur du service à la personne connaît un essor exceptionnel en France, compte tenu de la crise et du fait que c'est un des rares secteurs employeur pour la population active en recherche d'emploi[147]. Essor qui doit se conjuguer avec une formation de qualité au risque de voir apparaître des dysfonctionnements grave dans la prise en charge de la personne âgée.

Il convient donc d'allier les compétences de plusieurs acteurs afin de parvenir à une prise en charge de qualité de la personne âgée dépendante. La conclusion du rapport de l'AVISE insiste sur ce point précis :

---

[144] Rapport de l'AVISE n°3, services à la personne, Octobre 2006.
[145] CCAS : Centre communal d'Action Sociale.
[146] DREES, Etudes et résultats, n°91, Novembre 2000.
[147] DENIS M. (2009), le secteur des services à la personne en plein boom, publié dans l'édition en ligne du Figaro le 30 Octobre 2009, article révisé en date du 19 Novembre 2009.

« *La création de véritables services polyvalents d'aide et de soins à domicile doit s'appuyer sur une parfaite connaissance des besoins associant une prise en charge sanitaire à une prise en charge sociale. La polyvalence doit permettre d'offrir aux personnes dépendantes et à leur famille, une palette d'interventions qui se centrent sur la personne en perte d'autonomie et permettent un réel travail en équipes pluridisciplinaires, une capacité d'adaptation et de personnalisation des aides en fonction de besoins identifiés ainsi que des réponses immédiates aux situations d'urgence.* »

## Section 2 : Le territoire vannetais dans le maintien à domicile, orientations et réalisations

Le Morbihan suivant la politique nationale de maintien à domicile, a fait de ce dernier une priorité, constatant un retard du département dans les services de maintien à domicile par rapport à la situation en France. Le département a dégagé deux axes d'intervention[148] dans ce domaine :

- Axe 1 : Favoriser le maintien à domicile
- Axe 2 : Proposer des formules d'accueil diversifiées entre le domicile et l'établissement

L'enjeu du maintien à domicile doit s'accompagner d'une véritable politique du « bien vieillir », c'est-à-dire de prévenir les risques de pertes d'autonomie.. Le département a donc soutenu financièrement plusieurs actions de ce type. En fait toutes les actions qui vont encadrer la personne âgée qu'elle soit en perte d'autonomie ou non. Le tableau 5.2 nous présente les différents financements que le département a engagés pour soutenir ces actions de prévention.

**Tableau 5.2 : Crédits alloués par le Morbihan pour les actions de maintien à domicile**

| Type d'aide | 2006 | 2007 | 2008 | 2009 | 2010 |
|---|---|---|---|---|---|
| Activités de prévention | 6 163 € | 12 484 € | 10 450 € | 21 841 € | 11 727 € |
| Club de retraités | 25 592 € | 28 898 € | 29 969 € | 27 524 € | 29 066 € |
| Manifestations sensibilisation | 10 445 € | 22 768 € | 7 011 € | 24 490 € | 11 813 € |
| Portage de repas | 15 429 € | 0 € | 7 812 € | 3 573 € | 0 € |
| Universités temps libre | 8 700 € | 13 856 € | 14 500 € | 14 700 € | 17 196 € |
| Aide aux aidants | 42 771 € | 14 806 € | 36 446 € | 8 292 € | 13 909 € |
| Modernisation services d'aide à domicile | 0 € | 0 € | 701 € | 0 € | 0 € |
| Actions territoriales innovantes | 0 € | 0 € | 9 608 € | 25 988 € | 0 € |
| Total | 109 097 € | 92 912 € | 116 497 € | 126 408 € | 83 711 € |

---

[148] Conseil général du Morbihan, 3ème Schéma gérontologique du Morbihan 2011-2015, janvier 2011.

L'effort financier est réel car l'engagement a été porté à hauteur de 528 625€ sur la période du schéma gérontologique 2006-2010. Dans la même période beaucoup d'organismes ont ainsi vu une dotation du département dans leur action d'accompagnement de la personne âgée (tableau 5.3).

**Tableau 5.3 : Organisme ayant bénéficié de l'appui financier du département entre 2006 et 2010**

| Nombre d'actions ou organismes soutenus | 2006 | 2007 | 2008 | 2009 | 2010 |
|---|---|---|---|---|---|
| | 209 | 234 | 239 | 242 | 231 |

*Source : Conseil général du Morbihan, 2011*

Le total des aides du département dans ce secteur aura été de 1 374 870€ (528 625€ de crédits alloués en actions spécifiques et 846 245€ de crédits d'aide aux organismes)[149], ce qui prouve le réel effort mis dans les services annexes entourant le maintien à domicile. Car le défi engageant le territoire Morbihannais comme nous l'avons vu dans le chapitre 1 de notre exposé est énorme quant à la prise en charge du vieillissement des personnes âgées. Dans le territoire Vannetais l'essentiel des actions a été mené sur le thème du « Forum de l'adaptation et de l'habitat », qui a pour but de donner une réponse précise aux demandes les plus courantes des personnes âgées en début de perte d'autonomie et de faire le corollaire entre l'habitat et la perte d'autonomie.

**Tableau 5.4 : Les autorisations accordées aux services d'aide à domicile dans le Morbihan entre 2006 et 2011**

| Nombre de services validés | Statut public | Statut Associatif | Entreprises | Ensemble |
|---|---|---|---|---|
| Autorisation départementale | 64 | 46 | 1 | 111 |
| Agrément qualité | 1 | 4 | 20 | 25 |
| Ensemble | 65 | 50 | 21 | 136 |

*Source : Conseil général du Morbihan, schéma gérontologique 2011-2015*

Les services d'aide à domicile ont bénéficié d'un effort accru du département dans les accréditations à ces services (tableau 5.4). En effet sur la période 2006-2011 ce sont 136 autorisations qui ont étés émises par le conseil général avec une part du secteur

---

[149] Conseil général du Morbihan, 3ème Schéma gérontologique du Morbihan 2011-2015, janvier 2011.

public qui représente 48% de l'ensemble. On remarque la forte mobilisation du secteur associatif, élément indispensable de la mise en œuvre de l'aide à domicile (37% de l'ensemble des accréditations départementales).

**Tableau 5.5 : Participation financière du département dans la formation des intervenants à domicile**

| 2006 | 2007 | 2008 | 2009 |
|------|------|------|------|
| 107 050 € | 78 793 € | 101 251 € | 117 253 € |

Source : Conseil général du Morbihan, schéma gérontologique 2011-2015

Enfin le département a investi financièrement dans la formation de ces aides à domicile, condition indispensable au maintien des objectifs qualité (Tableau 5.5).

Comme nous l'avons vu dans la section 1, les pivots du maintien à domicile sont les services de soins infirmiers à domicile (SSIAD) et les services d'aide à domicile (SAAD). L'ARS de Bretagne a publié une enquête en 2008 sur la situation de ce type de prestation, afin d'évaluer l'état de la prise en charge à domicile des SSIAD et permettre une projection des besoins[150]. Cette étude montre le réel effort des autorités de tutelle dans l'amélioration de la prise en charge à domicile, avec une évolution du nombre de places (Graphique 5.2), et du taux d'équipement (Graphique 5.1). On peut constater que la Bretagne a longtemps été en avance par rapport aux projections en France : en 2000 le taux d'équipement en SSIAD et SPASAD[151] en Bretagne était de 18.6‰ contre 15‰ en France métropolitaine. Cette tendance s'est réduite au profit de la France puisqu'en 2010 ce taux est d'environ 20‰ pour les deux territoires. En revanche ce taux a connu une croissance moyenne de 1% sur la période 2000-2010. Cette croissance est inférieure à l'expansion du nombre de places au regard du vieillissement plus important de la population (on compte une augmentation de 3% en moyenne chaque année entre 2000 et 2010 du nombre de personnes de 75 ans et

---

[150] Ars Bretagne (Novembre 2011), *les services de soins infirmiers à domicile*, dans les études de l'ARS Bretagne n°1, résumé de l'enquête SSIAD de 2008.
[151] SPASAD : Services Polyvalents d'Aide et de Soins à Domicile. Crées par le décret n°2004-613 du 25 juin 2004, en même temps que les SAAD, Ils font l'objet d'une autorisation conjointe de l'ARS et du conseil général. Ils associent les compétences des services d'aide et d'accompagnement à domicile (SAAD) et des services de soins infirmiers à domicile (SSIAD). Ils réalisent les missions coordonnées du SSIAD et du SAAD auprès des mêmes publics (personnes âgées, personnes handicapées, personnes atteintes d'une pathologie chronique ou d'une affection de longue durée).

plus en Bretagne). Pour ce qui est du nombre de SSIAD et SPASAD en Bretagne, il est passé de 115 à 134 avec une capacité d'accueil de 4331 à 6635 places (taux d'accroissement annuel moyen de 4%). Le nombre de places croît davantage en Morbihan (+5.6%) et en Ile et Vilaine (+6.1%) que dans les autres départements bretons.

Graphique 5.1 Evolution du taux d'équipement en SSIAD et SPASAD, pour 1 000 habitants de 75 ans et plus, en Bretagne et en France métropolitaine

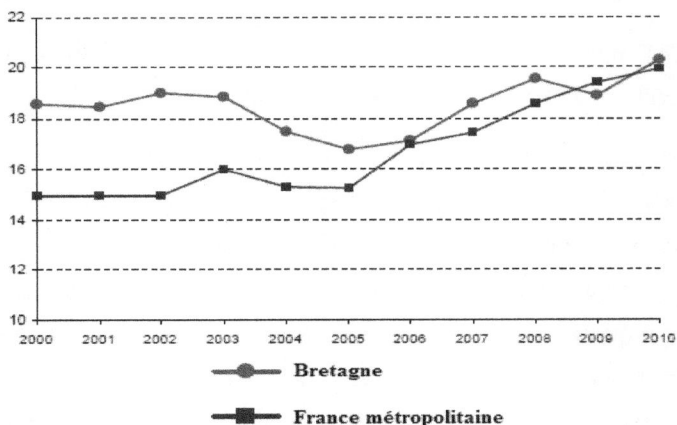

*Source : ARS Bretagne, 2011*

En revanche le Morbihan a une capacité d'accueil bien inférieure au reste de la Région. On compte un peu plus de 1300 places en 2010 dans le Morbihan contre 1800 en moyenne dans les trois autres départements breton.

**Graphique 5.2 Evolution du nombre de places en SSIAD et SPASAD de 2000 à 2010 dans les 4 départements bretons**

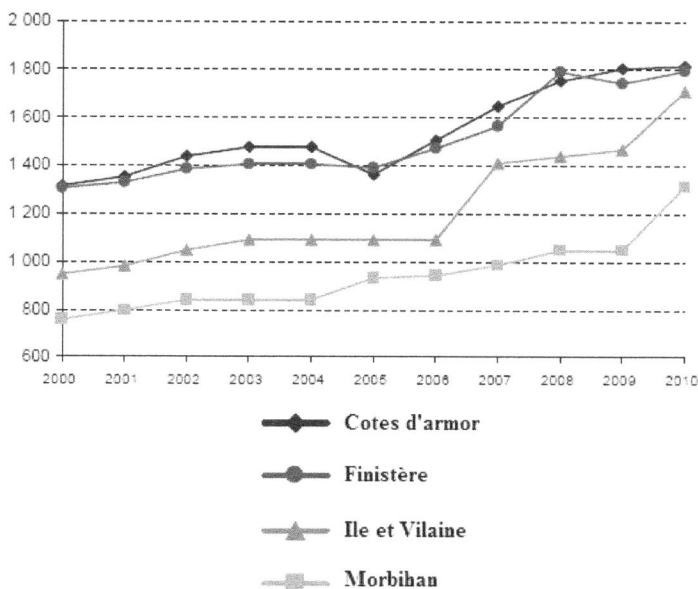

Source : ARS Bretagne, 2011[152]

La situation du Morbihan est donc préoccupante en matière de retard de capacité, même si elle connait un développement très rapide ces dernières années (le nombre de place entre 2009 et 2010 a augmenté de près de 300, soit une variation de plus de 20% sur un an).

Le territoire vannetais est encore plus touché par le déficit en termes de taux d'équipement (tableau 5.6). En effet celui-ci compte 199 places en SSIAD et il n'y a aucun SPASAD recensé sur le territoire, pour un taux d'équipement de 12.66‰ habitants de 75 ans et plus. Le SPASAD le plus proche se trouve à Lanester (commune proche de Lorient).

---

[152] L'évolution constatée des taux de croissance annuel moyen s'établit à :
Côtes d'Armor : + 3.3%
Finistère : + 3.2%
Ille Et Vilaine : + 6.1%
Morbihan : + 5.6%

**Tableau 5.6 : Les SSIAD du territoire vannetais en 2012**

| Nom | Nombre de Places en 2012 | Pop de plus de 75 ans | Taux d'équipement en SSIAD |
|---|---|---|---|
| SSIAD Elven | 26 | 15715 | 1,65 |
| SSIAD Arradon | 32 | 15715 | 2,04 |
| SSIAD Grand-champ | 38 | 15715 | 2,42 |
| SSIAD Surzur | 50 | 15715 | 3,18 |
| SSIAD Vannes | 53 | 15715 | 3,37 |
| Territoire Vannetais | 199[153] | 15715 | 12,66 |

*Source : Conseil général du Morbihan, projection Omphale 2012*

En revanche l'implantation des SSIAD sur le territoire semble assez homogène pour pouvoir desservir la population âgée (carte 5.2). Répartis entre les 3 territoires d'analyse avec 2 unités en milieu rural (Elven et Grand-Champ), deux services en zone péri-urbaine (Arradon et Surzur) et la dernier en milieu urbain à Vannes.

**Carte 5.2 : Implantation des SSIAD du territoire gérontologique vannetais**

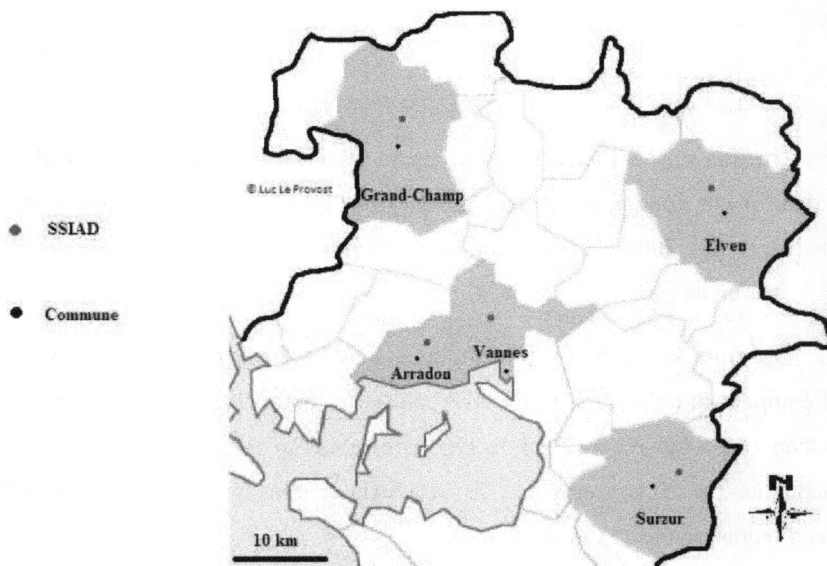

*Source : Conseil général du Morbihan*

---

[153] La capacité en 2012 ne prend pas en compte les éventuelles structures en construction ou les augmentations du nombre de places, chiffre arrêté au 01/01/2012.

Pour analyser les besoins en SSIAD à l'horizon 2042, il est nécessaire de faire une projection de places supplémentaires à créer pour maintenir un taux d'équipement identique à celui de 2012. Sachant bien que ce dernier se situe bien en-dessous de la moyenne régionale. Ce calcul permet uniquement de faire une projection à situation comparable (tableau 5.7).

**Tableau 5.7 : Projection de places en SSIAD du territoire Vannetais à l'horizon 2042[154]**

| Année | 2012 | 2017 | 2022 | 2027 | 2032 | 2037 | 2042 |
|---|---|---|---|---|---|---|---|
| Population âgée de + de 75 ans | 15715 | 17880 | 20740 | 26372 | 31237 | 35752 | 39586 |
| Nombre de places supplémentaires nécessaires pour maintenir le taux d'équipement de 2012 | 199 places/Taux de 12,66‰ | 27 | 64 | 135 | 196 | 254 | 302 |
| Capacité totale par année | 199 | 226 | 263 | 334 | 395 | 453 | 501 |

*Sources : projection Omphale 2012*

La projection nous montre un déficit qui va s'accroître avec le temps, avec une accélération après 2022. Il est à noter que pour maintenir le nombre de places disponibles en 2042, il faudra procéder à une augmentation de 35% de la capacité actuelle. Cette augmentation va aussi s'accompagner d'un financement qui sera pris en charge par le département et l'ARS, ce qui ne va faire qu'accroître les charges d'exploitation des autorités de tutelle. Cette contribution publique sera évidemment redistribuée dans le territoire comme nous l'avons vu dans la 1ère partie de ce chapitre. Il est évident que sans un soutien appuyé de l'ARS et du Conseil Général dans la prise en charge du maintien à domicile, nous pourrions, dans un délai d'une dizaine d'années, nous retrouver dans une situation de pénurie de places.

---

[154] Mode de calcul : Tx $^{(N+0)}$ * P $^{(N+1)}$/ 1000 = PL $^{(N+1)}$ puis pour la projection PL $^{(N+1)}$ - PL $^{(N+0)}$
Tx $^{(N+0)}$ = taux d'équipement de l'année de référence
P $^{(N+1)}$ = Population de personnes âgée à l'année N+1
PL $^{(N+1)}$ = Nombre de places à N+1
PL $^{(N+0)}$ = Nombre de places à N+0
Le taux d'équipement du Morbihan était de 17.5‰ en 2012 (population de 75 ans et plus en 2012 : 71 400 pour un total de 1250 places).

Pour ce qui est des SAAD de notre territoire (carte 5.3), on remarque un gros volume horaire annuel, mais qui reste inférieur aux autres territoires gérontologiques (Le territoire gérontologique de Lorient est le plus doté). Actuellement 15% de l'offre de SAAD est détenue par le secteur privé, ce chiffre ne va faire que croître devant le marché que cela représente. Il est évident que les pouvoirs publics doivent se poser en régulateur d'un système qui peut rapidement se traduire en part de marché pour une entreprise.

Carte 5.3 : Volume horaire annuel des SAAD en 2009 par commune du territoire Vannetais

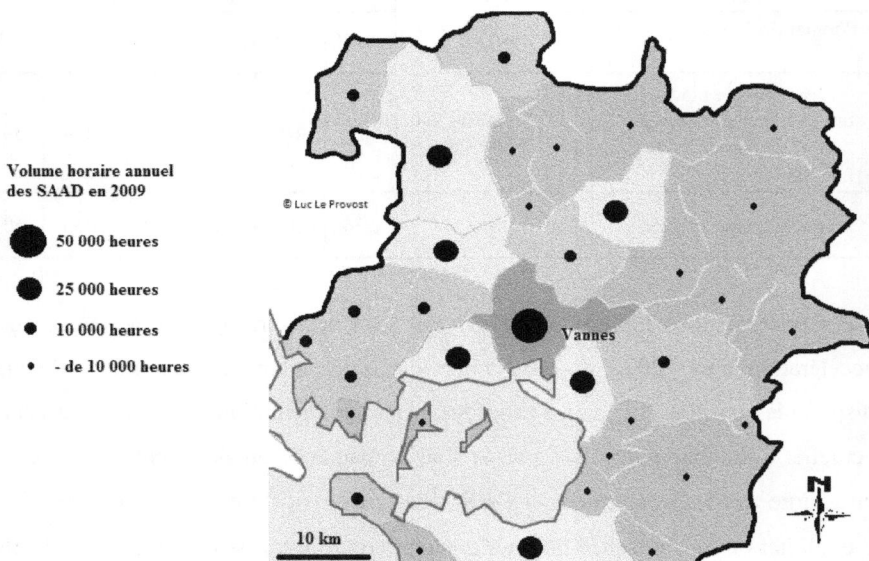

Source : Données DGISS/CSE[155]

*Une autre alternative à l'établissement, les domiciles partagés*

Les domiciles partagés du Morbihan sont nés de l'initiative de l'association ASSAP-CLARPA[156], association créée il y a plus de 20 ans dans les années 1990, après une réflexion de l'association et des familles de personnes en perte d'autonomie. Le but initial et qui est toujours mis en pratique est de garantir la sécurité des personnes par

---

[155] DGISS : Direction Générale des Interventions Sanitaires et Sociales
[156] ASSAP-CLARPA : Association de Services aux Personnes du Comité de Liaison des Associations de Retraités et Personnes Agées. Association de loi 1901 à but non lucratif, crée le 18 décembre 2006 pour faire suite aux prérogatives du CLARPA 56.

l'habitat et l'accompagnement 24h sur 24h, d'apporter un climat rassurant, stable et chaleureux, de trouver une alternative se situant entre la structure familiale et la structure hospitalière et enfin d'assumer les coûts de prise en charge des personnes en perte d'autonomie. C'est ainsi que le concept de domiciles collectifs, utilisé déjà pour des personnes en situation de handicap, est mis en place pour les personnes âgées dépendantes. Le succès de ce type de structure a permis aux domiciles partagés d'être intégrés dans le plan gérontologique 2006-2010 du conseil général du Morbihan, intégration renouvellée dans le 3ème schéma gérontologique 2011-2015 du Morbihan. L'association bénéficie d'un agrément préfectoral[157] délivré en 2012. L'objectif prioritaire du Clarpa est : *« d'accueillir des personnes âgées désorientées, qui en raison de leur perte d'autonomie, ne peuvent plus vivre sans l'aide d'assistants de vie, 24 heures sur 24. Il s'agit de préserver et de favoriser leur autonomie, de respecter leur rythme de vie, de prendre en compte leurs besoins, de conserver et entretenir leurs relations sociales et familiales, de les accompagner, si possible jusqu'à la fin de la vie, dans les meilleures conditions de confort matériel et psychologique »*[158].

Les personnes accueillies sont des personnes âgées désorientées, qui peuvent souffrir de la maladie d'Alzheimer[159] et qui ne peuvent plus vivre dans leur environnement d'habitat initial. Pour être accueilli le résidant doit présenter une désorientation reconnue par un professionnel de santé, qui se concrétise par une évaluation en GIR 3 et 4. En revanche ce type d'habitat ne rentre pas dans les établissements dits « médicalisés ».

---

[157] Agrément préfectoral 2012/2017 : SAP 493404941.
[158] Extrait de la présentation des domiciles partagés du Morbihan, consultable en ligne à l'adresse suivante : http://www.clarpa56.fr/assap/domicile-fonction.php
[159] La maladie d'Alzheimer est une maladie neuro-dégénérative (perte progressive de neurones) incurable du tissu cérébral qui entraîne la perte progressive et irréversible des fonctions mentales et notamment de la mémoire. C'est la forme la plus fréquente de démence chez l'être humain. Elle fut initialement décrite par le médecin allemand Alois Alzheimer en 1906 ; définition de l'association France-Alzheimer.

Carte 5.4 : Implantation des domiciles partagés dans le territoire gérontologique Vannetais

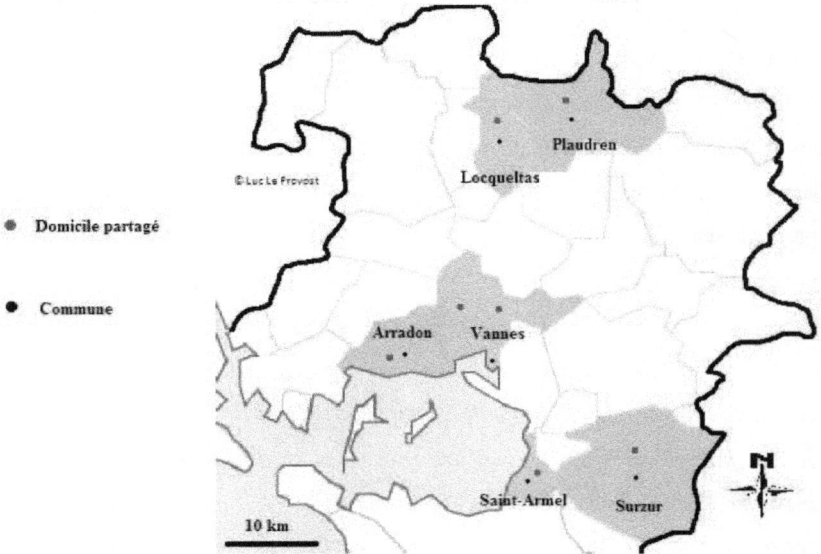

*Source : conseil général du Morbihan, 2011*

Les domiciles partagés sont nombreux dans le territoire gérontologique Vannetais (carte 5.4). En effet nous avons l'implantation de 7 domiciles partagés, tous comprenant 8 places pour l'accueil soit 56 places disponibles (tableau 5.8).

Tableau 5.8 :   Les domiciles partagés du territoire gériatrique Vannetais

| Nom | Nombre de places en 2012 | Pop de plus de 75 ans | Taux d'équipement en DP |
|---|---|---|---|
| DP de Surzur | 8 | 15715 | 0,51 |
| DP de Saint-Armel | 8 | 15715 | 0,51 |
| DP d'Arradon | 8 | 15715 | 0,51 |
| DP de Vannes "ty bihan" | 8 | 15715 | 0,51 |
| DP de Vannes "ty laouen" | 8 | 15715 | 0,51 |
| DP de locqueltas | 8 | 15715 | 0,51 |
| DP de Plaudren | 8 | 15715 | 0,51 |
| Total | 56 | 15715 | 3,56 |

*Sources : conseil général du Morbihan, projection Omphale 2012*

Malgré le nombre de places disponibles, le taux d'équipement du territoire est inférieur à la moyenne du département (3.56‰ en 2012 contre 4.33‰ pour le Morbihan)[160]. En revanche, comme le souligne le rapport du 3ème schéma gérontologique du Morbihan, la concentration de ces domiciles sur certains secteurs comme celui de Vannes entraîne des effets « pervers » : il existe du coup des difficultés à trouver les personnes âgées susceptibles d'y entrer, des déséquilibres avec les offres des établissements médico-sociaux et enfin pour les communes limitrophes, les personnes venant d'autres départements sont prises en charge au titre de l'APA par le département du Morbihan au titre de l'acquisition de domicile. Le rapport souligne enfin que ces domiciles accueillent parfois une population qui ne présente pas de désorientation de type Alzheimer et qui peuvent par mixité avec des personnes atteintes de ce syndrôme, entraîner des problèmes d'exclusion et de rejet. Par extension ceci peut mettre en péril la pérennité du domicile.

Cela dit ces domiciles offrent une réponse pertinente entre le domicile et le placement en institution, de plus l'expérience acquise par l'association (depuis 1990) est un gage de qualité. Le fait d'être intégré dans le schéma gérontologique 2011-2015 lui apporte un soutien des pouvoirs publics. Ainsi nous pouvons faire une projection des places disponibles à l'horizon 2042 afin de mesurer l'impact de la population âgés sur ce type d'établissement (tableau 5.9).

**Tableau 5.9 : Projection de places en Domicile partagé du territoire Vannetais (2042)**

| Année | 2012 | 2017 | 2022 | 2027 | 2032 | 2037 | 2042 |
|---|---|---|---|---|---|---|---|
| Population âgée de + de 75 ans | 15715 | 17880 | 20740 | 26372 | 31237 | 35752 | 39586 |
| Nombre de places supplémentaires nécessaires pour maintenir le taux d'équipement de 2012 | 56 places/Taux de 3,56‰ | 8 | 18 | 38 | 55 | 71 | 85 |
| Capacité totale par année | 56 | 64 | 74 | 94 | 111 | 127 | 141 |

*Sources : conseil général du Morbihan, projection Omphale 2012*

---

[160] Pour le calcul se rapporter à la note n°[32].
Le taux d'équipement du Morbihan était de 4.33‰ en 2012 (population de 75 ans et plus en 2012 : 71 400 pour un total de 336 places).

La projection nous montre une situation maîtrisable jusqu'en 2022. En effet jusqu'à cette date il faudra 18 places supplémentaires soit la construction d'environ deux établissements (la capacité par domicile est limitée à 8 chambres). La capacité actuelle ne représentera que 40% de l'offre en 2042, il y a donc un volume de 60% de places en plus à créer d'ici cette échéance.

*L'hébergement temporaire et l'accueil de jour*

Les séjours en hébergement temporaire se différencient du placement définitif en institution mais peuvent-être vus comme une préparation à celui-ci[161]. On parle ici de séjour de répit (troubles Alzheimer), ou d'essai (prendre ses marques en institution) ou encore de convalescence (après une hospitalisation par exemple). Selon la circulaire DHOS n°2002/222[162] du ministère de l'emploi et de la solidarité : on parle d'hébergement limité dans le temps, « qui s'adresse aux personnes âgées dont le maintien à domicile est momentanément compromis : isolement, rupture des aides en place (départ en vacance de la famille, maladie de l'aidant principal, défection momentanée des aidants professionnels), travaux dans le logement etc. Il peut également être utilisé comme premier essai de vie en collectivité avant l'entrée définitive en établissement ou bien être une transition avant le retour à domicile après une hospitalisation. Dans ce cas il ne doit pas se substituer à une prise en charge dans un service hospitalier de soins de suite ». La durée maximale de séjour n'excède pas six mois, le plus souvent les séjours de moins d'un mois sont communément appelés « séjour de répit »[163], ils servent le plus souvent de repos pour la famille. Les séjours qui excèdent trois mois, seront le plus souvent des séjours d'essai de l'institution. Il est à noter que lors de son admission en hébergement temporaire, la personne âgée signe un contrat de même type que celui de l'hébergement définitif.

---

[161] SALIC G, SAHNOUN F. (2006), Le rôle clé du médecin coordinateur en séjour temporaire en EHPAD, DIU de médecin coordinateur d'ehpad, Université René Descartes, Paris V.
[162] Ministère de l'emploi et de la solidarité, CIRCULAIRE N°DHOS/O2/DGS/SD5D/DGAS/SD2C/DSS/1A/2002/222 du 16 avril 2002 relative à la mise en œuvre du programme d'actions pour les personnes souffrant de la maladie d'Alzheimer ou de maladies apparentées.
[163] *Ibid* note [39]

L'autre type d'hébergement temporaire est celui de l'accueil de jour. D'une manière générale, un accueil de jour est un lieu proposant pendant les heures ouvrables des activités à des personnes ayant des besoins dans le domaine de la prise en charge ou du développement social[164]. La forme des accueils de jour a d'abord été développée par des associations à but non lucratif puis reprise par les pouvoirs publics. Les accueils de jour reçoivent, pendant la journée, des personnes ayant le plus souvent une certaine forme de dépendance et qui ne nécessitent pas de structure lourde de prise en charge. L'intérêt des accueils de jour est pour la personne accueillie : de bénéficier d'une prise en charge adaptée à son état tout en continuant à habiter à son domicile. Et pour son entourage de permettre de se reposer. Il existe donc toutes sortes d'accueil de jour qui s'adressent à des populations très différentes comme, par exemple, des personnes souffrant de solitude ou d'exclusion, des personnes handicapées, des personnes atteintes de la maladie d'Alzheimer ou de maladies apparentées, des personnes âgées. En ce qui concerne la durée de séjour, il est très court[165].

---

[164] BLANCHARD N, GARNUNG M (Mars 2010), *Accueils de jour et hébergements temporaires pour les personnes atteints de maladie d'Alzheimer : attentes, freins, et facteurs de réussite*, publication du Centre Languedocien d'Etude et de Formation en gérontologie (CLEF), Montpellier.
[165] *Ibid.*

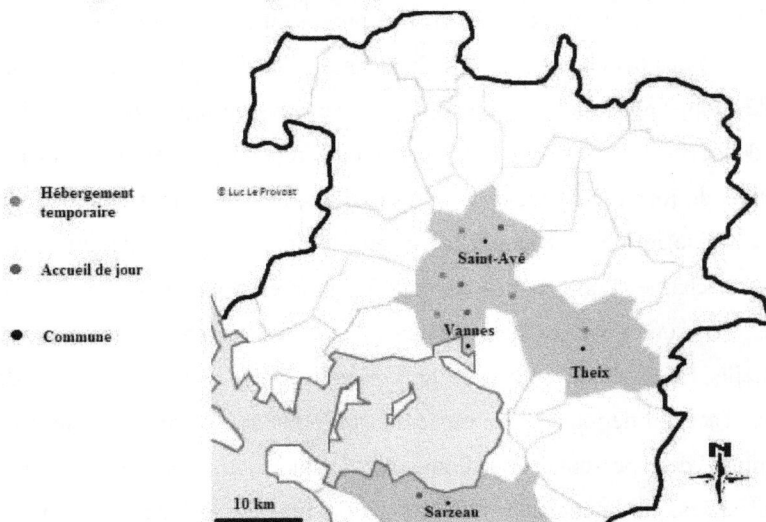

Source : Conseil général du Morbihan, résultat d'enquête-terrain, 2012

La carte 5.5 nous présente les différents lieux d'hébergements temporaires sur notre territoire. On remarque tout de suite la grande concentration dans un seul secteur, celui de Vannes et communes limitrophes. La ville de Vannes à elle seule détient plus de 50% des établissements sanitaires ou médico-sociaux proposant des places en hébergement temporaire ou en accueil de jour. En ce qui concerne la capacité (voir tableau 6.1),

**Tableau 6.1 : L'hébergement temporaire et en accueil de jour dans le territoire vannetais**

| Commune | Nom | HT | AJ |
|---|---|---|---|
| Saint-Ave | Residence du parc | 2 | 1 |
| Sarzeau | Residence pierre de Francheville | 0 | 8 |
| Theix | Residence Roz Avel | 7 | 0 |
| Vannes | Residence Beaupré Lalande | 3 | 6 |
| Vannes | Residence Edilys | 2 | 0 |
| Vannes | Unite de maison de retraite Mareva | 6 | 6 |
| Total | | 20 | 21 |

Source : Conseil général du Morbihan, résultat d'enquête-terrain, 2012

là encore Vannes est en tête avec plus de 50% de l'offre en hébergement. Il faut noter l'effort entrepris par le Conseil Général pour développer ce type d'offre d'accueil de jour en Ehpad. En effet, dans sa réunion d'orientation budgétaire du 14 Janvier 2009 il a adopté le principe de la création d'une *prestation départementale individuelle de financement* de l'accueil temporaire[166]. Prestation qui ne se limiterait pas aux seules Ehpad (6 places créés en 2010 en EHPA[167] ainsi que la création de 24 places de PUV[168] à Damgan (canton de Muzillac), proposant un hébergement « saisonnier » de Novembre à Mars). En revanche il faut noter l'absence dans notre territoire d'accueil de nuit.

**Tableau 6.2 : Projection de places en Hébergement temporaire du territoire Vannetais (2042)**

| Année | 2012 | 2017 | 2022 | 2027 | 2032 | 2037 | 2042 |
|---|---|---|---|---|---|---|---|
| Population âgée de + de 75 ans | 15715 | 17880 | 20740 | 26372 | 31237 | 35752 | 39586 |
| Nombre de places supplémentaires nécessaires pour maintenir le taux d'équipement de 2012 | 20 places / Taux de 1,27‰ | 3 | 6 | 14 | 20 | 26 | 30 |
| Capacité totale par année | 20 | 23 | 26 | 34 | 40 | 46 | 50 |

*Sources : conseil général du Morbihan, projection Omphale 2012*

La projection en hébergement temporaire (tableau 6.2) nous montre les besoins en places à l'horizon 2042. Si l'on compare le taux d'équipement avec celui du Morbihan (tableau 6.3), le territoire vannetais est davantage pourvu puisque 27% des places disponibles du département se situent dans le territoire gérontologique vannetais. Sinon la tendance est la même en terme de besoins, car l'accélération du vieillissement a lieu après 2020 et donc les besoins s'accélèrent après cette date (les besoins vont atteindre 30 places en 2042).

---

[166] Conseil général du Morbihan (Janvier 2011), 3ème schéma gérontologique 2011-2015, page 55.
[167] EHPA : Etablissement d'Hébergement pour Personnes Agées.
[168] PUV : Petite Unité de Vie.

**Tableau 6.3 : Taux d'équipement en Hébergement temporaire et en accueil de jour du Morbihan**

| 2012 | Pop de plus de 75 ans | Taux d'équipement + de 75 ans | | | |
|---|---|---|---|---|---|
| | | HT | Taux Eq | AJ | Taux Eq |
| Morbihan | 77512 | 74 | 0,95 | 84 | 1,08 |

*Sources : conseil général du Morbihan, projection Omphale 2012*

L'accueil de jour de notre territoire se situe là encore au dessus de la moyenne du département avec un taux de 1.34‰ contre 1.08‰ dans le Morbihan (tableau 6.3). La projection réalisée (tableau 6.4) suit la même tendance que pour l'hébergement temporaire avec toujours une accélération des besoins à l'horizon 2020.

**Tableau 6.4 : Projection de places en accueil de jour du territoire Vannetais à l'horizon 2042**

| Année | 2012 | 2017 | 2022 | 2027 | 2032 | 2037 | 2042 |
|---|---|---|---|---|---|---|---|
| Population âgée de + de 75 ans | 15715 | 17880 | 20740 | 26372 | 31237 | 35752 | 39586 |
| Nombre de places supplémentaires nécessaires pour maintenir le taux d'équipement de 2012 | 21 places / Taux de 1,34‰ | 3 | 7 | 14 | 21 | 27 | 32 |
| Capacité totale par année | 21 | 24 | 28 | 35 | 42 | 48 | 53 |

*Sources : conseil général du Morbihan, projection Omphale 2012*

Il ressort de cette étude que les alternatives à l'hébergement permanent existent. Que ce soit par le développement des SSIAD, les domiciles partagés ou bien les hébergements temporaires et d'accueil de jour, notre territoire dispose de tout un ensemble d'offres variées. De plus le département et l'ARS sont des moteurs dans le développement de ces structures, avec des engagements financiers importants. En revanche l'accélération du vieillissement risque de prendre de court les acteurs de ce développement. En effet ce processus va connaître une formidable montée en puissance à partir de 2020. Sans une approche stratégique liant les demandes au plus près des besoins, la situation risque de devenir rapidement alarmante.

# Conclusion

Le constat du vieillissement de la population va toucher de façon irrémédiable le territoire Vannetais et nous avons vu comment cela va se traduire pour les établissements sanitaires et médico-sociaux. Grâce à l'enquête menée auprès des directeurs d'établissements, nous avons pu mesurer l'importance des bouleversements induits par le vieillissement de la population en termes de capacité d'accueil à l'horizon 2042. En revanche faute de disponibilités et de soutien des autorités de tutelle (ARS ou conseil général), nous n'avons pas pu réaliser de projection aussi fine que possible, les données concernant la durée moyenne de séjour ainsi que la date de naissance des patients ou encore leur GIR ne nous étant pas connu. Notre projection bien que pertinente au vu des standards des autorités (taux d'équipement), ne nous parait pas suffisante. Ensuite pour connaitre véritablement le lieu de résidence des personnes âgées avant leur entrée dans un établissement il est essentiel que le code postal du futur résident soit renseigné. Il faudrait que ce renseignement apparaisse dans un système officiel de type PATHOS[169] ou PMSI[170], afin d'avoir une véritable « traçabilité » du résident (souvent le domicile renseigné est en fait celui de la famille proche). Ensuite devant l'importance des moyens à mettre en œuvre les pouvoirs publics vont devoir faire un gros effort en ce qui concerne la formation des futurs intervenants du secteur. L'impact sur le financement risque de se faire sentir, mais comme nous l'avons étudiés, ne voir la prise en charge des personnes âgées qu'en terme de charge financière est très réducteur, c'est oublié un peu vite tous les mécanismes de redistribution ainsi crée pour l'économie locale et nationale. Les problèmes de financement vont devoir aussi se gérer par la prise en compte des alternatives à l'hébergement en institution. Dans notre territoire Vannetais beaucoup de structures sont déjà présentes, comme les domiciles partagés, les SSIAD et les SPASAD ainsi que les hébergements temporaires et autres accueil

---

[169] PATHOS : Du grec (πάθος) qui signifie « souffrance, passion », est un modèle qui évalue à partir des situations cliniques observées les soins médico-techniques requis pour assumer la prise en charge de toutes les pathologies d'une population de personnes âgées, en établissement ou à domicile.
[170] PMSI : Programme de médicalisation des systèmes d'information.

de jour. Mais sans une implication des pouvoirs publics le système actuel risque de s'écrouler devant le poids économiques induit et les divergences existantes entre le politique, le conseil général et l'agence régionale de santé (comme nous avons pu le voir dans le découpage des territoires gérontologiques du Morbihan notamment, qui ne correspond à aucune réalité sur le terrain). Une meilleure adéquation des ressources et des besoins (coordonnées par l'ARS), nous semble être la voie à suivre.

**Annexe 1 :** Projection des besoins en ETP et coûts au poste induits entre 2017 et 2037

| 2017 | hébergement | Dépendance | Soins | Global | Coût total des ETP |
|---|---|---|---|---|---|
| Direction - administration | 54,17 | | | 54,17 | 2 969 248 € |
| Cuisine - services généraux | 59,53 | | | 59,53 | 2 226 910 € |
| Animation | 21,05 | | | 21,05 | 748 795 € |
| ASH | 244,99 | 104,98 | | 349,97 | 12 961 034 € |
| AS ou AMP | | 146,16 | 341,03 | 487,18 | 20 320 701 € |
| Psychologue | | 5,87 | | 5,87 | 299 783 € |
| Autres auxiliaires médicaux | | | 9,07 | 9,07 | 397 298 € |
| Pharmacien | | | 2,27 | 2,27 | 154 128 € |
| IDE | | | 118,32 | 2,27 | 6 504 529 € |
| Médecin | | | 8,35 | 8,35 | 904 481 € |
| total | 379,75 | 257,01 | 479,04 | 999,74 | 47 486 907 € |
| **2022** | hébergement | Dépendance | Soins | Global | Coût total des ETP |
| Direction - administration | 62,87 | | | 62,87 | 3 621 691 € |
| Cuisine - services généraux | 69,09 | | | 69,09 | 2 716 210 € |
| Animation | 24,43 | | | 24,43 | 913 325 € |
| ASH | 284,31 | 121,84 | | 406,15 | 15 808 963 € |
| AS ou AMP | | 169,62 | 395,78 | 565,40 | 24 785 746 € |
| Psychologue | | 6,81 | | 6,81 | 365 657 € |
| Autres auxiliaires médicaux | | | 10,52 | 10,52 | 484 598 € |
| Pharmacien | | | 2,64 | 2,64 | 188 095 € |
| IDE | | | 137,32 | 2,64 | 7 933 663 € |
| Médecin | | | 9,69 | 9,69 | 1 103 194 € |
| total | 440,71 | 298,27 | 555,94 | 1160,24 | 57 921 142 € |
| **2027** | hébergement | Dépendance | Soins | Global | Coût total des ETP |
| Direction - administration | 79,92 | | | 79,92 | 4 838 784 € |
| Cuisine - services généraux | 87,83 | | | 87,83 | 3 629 010 € |
| Animation | 31,06 | | | 31,06 | 1 220 254 € |
| ASH | 361,42 | 154,88 | | 516,30 | 21 121 672 € |
| AS ou AMP | | 215,62 | 503,11 | 718,74 | 33 115 163 € |
| Psychologue | | 8,66 | | 8,66 | 488 538 € |
| Autres auxiliaires médicaux | | | 13,37 | 13,37 | 647 451 € |
| Pharmacien | | | 3,36 | 3,36 | 251 306 € |
| IDE | | | 174,56 | 3,36 | 10 599 824 € |
| Médecin | | | 12,32 | 12,32 | 1 473 930 € |
| total | 560,23 | 379,16 | 706,72 | 1474,91 | 77 385 931 € |

| 2032 | hébergement | Dépendance | Soins | Global | Coût total des ETP |
|---|---|---|---|---|---|
| Direction - administration | 94,68 | | | 94,68 | 6 024 683 € |
| Cuisine - services généraux | 104,04 | | | 104,04 | 4 518 376 € |
| Animation | 36,79 | | | 36,79 | 1 519 297 € |
| ASH | 428,16 | 183,48 | | 611,63 | 26 297 889 € |
| AS ou AMP | | 255,43 | 596,01 | 851,44 | 41 230 657 € |
| Psychologue | | 10,26 | | 10,26 | 608 262 € |
| Autres auxiliaires médicaux | | | 15,84 | 15,84 | 806 119 € |
| Pharmacien | | | 3,98 | 3,98 | 312 920 € |
| IDE | | | 206,79 | 3,98 | 13 197 531 € |
| Médecin | | | 14,59 | 14,59 | 1 835 150 € |
| total | 663,67 | 449,17 | 837,21 | 1747,23 | **96 350 885 €** |
| 2037 | hébergement | Dépendance | Soins | Global | Coût total des ETP |
| Direction - administration | 108,36 | | | 108,36 | 7 246 686 € |
| Cuisine - services généraux | 119,07 | | | 119,07 | 5 434 898 € |
| Animation | 42,11 | | | 42,11 | 1 827 483 € |
| ASH | 490,01 | 209,98 | | 699,99 | 31 632 351 € |
| AS ou AMP | | 292,34 | 682,11 | 974,45 | 49 594 107 € |
| Psychologue | | 11,74 | | 11,74 | 731 647 € |
| Autres auxiliaires médicaux | | | 18,13 | 18,13 | 969 639 € |
| Pharmacien | | | 4,55 | 4,55 | 376 362 € |
| IDE | | | 236,67 | 4,55 | 15 874 565 € |
| Médecin | | | 16,70 | 16,70 | 2 207 394 € |
| total | 759,55 | 514,06 | 958,16 | 1999,66 | **115 895 132 €** |

# Bibliographie

## Ouvrages

RICARDO D. *Des principes de l'économie politique et de l'impôt, Londres*, 1817.

CAUCHI-DUVAL N. DUMONT G-F (dir), *Les territoires face au vieillissement en France et en Europe*, Ellipses, Paris, 2006.

DE KERVASDOUE J. PICHERAL H (dir), *Santé et territoire, carnet de santé de la France en 2004*, Dunod, Paris, 2004.

DAVEZIES L., *La république et ses territoires : la circulation invisible des richesses*, Le seuil, Paris, 2008.

VELTZ P. DAVEZIES L. (dir), *Le grand tournant : Nord-Pas-de-Calais 1975-2005*, Edition de l'Aube, La Tour d'Aigues, 2005.

DAVEZIES L., *La crise qui vient : la nouvelle fracture territoriale*, Le seuil, Paris, 2012.

DAVIS M C. DIETRICH W. SCHOLDAN B. SEPP D. (dir.), *International intervention in the post-cold war world: moral responsability and power politics*, M.E SHARPE, New-York, 2003.

## Publications universitaires

MACE J.M., *Hébergement de personnes âgées et vieillissement de la population*, équipe d'accueil N°4603 du LIRCA, Laboratoire Interdisciplinaire de Recherche en Sciences de l'Action, 2007.

MACE J-M. GUENNERY S. PICHERAL H., *L'hébergement des personnes âgées en France*, publié au CIRES (Centre international de Recherche en Economie de la Santé), 2007.

SALIC G, SAHNOUN F., *Le rôle clé du médecin coordinateur en séjour temporaire en EHPAD*, DIU de médecin coordinateur d'ehpad, Université René Descartes, Paris V, 2006.

BLANCHARD N, GARNUNG M., *Accueils de jour et hébergements temporaires pour les personnes atteints de maladie d'Alzheimer : attentes, freins, et facteurs de réussite*, publication du Centre Languedocien d'Etude et de Formation en gérontologie (CLEF), Montpellier, 2010.

## Publications officielles

BLANPAIN N, CHARDON O., *Projections de population 2007-2060 pour la France métropolitaine*, document de Travail, n° F1008, Insee, octobre 2010.

OMALEK L., *Projections régionales de population pour 2030 : l'impact des migrations*. Insee Première n°805, 2001.

VIGHETTI JP. MORVAN Y., *Mobilité des populations et territoires de Bretagne, à l'horizon 2030 : réflexions et prospectives*, Conseil économique et social, Rennes : Région Bretagne, 2007.

BACCAINI B. LEVY D., *Recensement de la population de 2006 : les migrations entre départements : le Sud et L'Ouest toujours très attractifs*, Insee Provence-Alpes-Côte d'Azur. - Dans : Insee première ; n°1248, 2009.

CHRISTEL V., *Trajectoires résidentielles des personnes âgées*, Insee. Dans : France, portrait social n° 10, 2006.

BAUDEQUIN I., *Villes, mer, campagne : comment les nouveaux habitants dynamisent les différents territoires bretons*, Insee, Octant n°117, 2009.

ROUXEL M., *Bretagne : les nouveaux profils des migrants*, Insee, Direction régionale de Bretagne, Octant n°84, 2000.

KEROUANTON M-H. MORO S., *Les migrations des jeunes Bretons diplômés de l'enseignement supérieur entre 1990 et 1999*, Insee Bretagne, Octant ; n° 104, 2006.

COUET C., *la mobilité résidentielle des jeunes*, Insee, France portrait social, n° 10, 2006.

AERTS A-T., *La fécondité dans les régions françaises depuis les années 1960*, Insee Bretagne, Octant analyse n°41, 2013.

GRANGER R., *Le Morbihan en 2006 : le département attire des actifs qualifiés et des retraités*, Insee, Octant n°117, 2009.

**Autres publications**

Conseil général du Morbihan, *Rapport de l'assemblée plénière du conseil général du Morbihan,* 18, 19 et 20 Janvier 2011.

Conseil général du Morbihan, *Portrait sociaux économique du Morbihan en 2012*, rapport du 4ème trimestre 2012.

KPMG, *Observatoire des Ehpad 2012 et 2013*, Rapport annuel, Janvier 2012 et 2013.

Conseil général du Morbihan, *Liste des établissements d'accueil pour personnes âgées dépendantes dans le Morbihan*, 2012.

Conseil général du Morbihan, *Synthèse de campagne budgétaire du département*, 2012.

INSEE Ile de France, *Une méthode pour définir des bassins d'hospitalisation en Ile de France*, Mensuel n°209, 2002.

INSEE Résultats, n° 755-756, *Enquête handicaps incapacités dépendance en institution (HID)*, in Démographie et société n° 83-84, 2001.

DREES, Etudes et résultats n°780, *L'évolution de l'allocation personnalisée d'autonomie de 2002 à 2009*, 2011.

CNSS[171], Rapport Laroque, *commission d'étude des problèmes de la vieillesse*, 1962

DREES, *Etudes et résultats n°739*, 2008.

DREES, *Etudes et résultats n°91*, 2000.

Conseil général du Morbihan, *3ème schéma gérontologique du Morbihan 2011-2015*, 2011.

ARS Bretagne, *les services de soins infirmiers à domicile*, in les études de l'ARS Bretagne n°1, résumé de l'enquête SSIAD de 2008, 2011.

OCDE, tableaux-clés, ISSN 2074-3874, 2010.

---

[171] CNSS : Caisse nationale de Sécurité sociale.

**Périodiques**

Le télégramme de Brest, article : *Crise, la Bretagne résiste mieux*, édition du 9 Avril 2013.

La lettre du cadre territorial, édition n° 286 du 1er décembre 2004.

Le Figaro, article : *Le secteur des services à la personne en plein boom*, publié dans l'édition en ligne du Figaro du 30 Octobre 2009.

**Codes, circulaire et revue juridique**

Code de l'action sociale et des familles.

Code de la santé publique.

Journal officiel n°121 du 25 mai 2006.

Circulaire du 16 Avril 2002 du Ministère de l'emploi et de la solidarité.

**Sites internet**

http://www.insee.fr/fr/

http://www.ined.fr/

http://www.drees.sante.gouv.fr/

http://www.legifrance.gouv.fr/

http://www.service-public.fr/

http://www.clarpa56.fr